Richard Meier
Stadthaus Ulm

Text
Manfred Sack

Photographien/Photographs
Klaus Kinold

Edition Axel Menges

Herausgeber/Editor: Axel Menges

© 1994 Edition Axel Menges, Stuttgart
ISBN 3-930698-09-9

Alle Rechte vorbehalten, besonders die der Übersetzung in andere Sprachen.
All rights reserved, especially those of translation into other languages.

Englische Übersetzung/English translation: Michael Robinson
Gestaltung/Design: Axel Menges

Printed in Korea.

Opus 9

Inhalt

Contents

»Was ich erstrebe, ist Präsenz, nicht Illusion.« Richard Meiers Ulmer Dialog mit der Gotik

Nach einem über hundert Jahre langen Debakel hat Ulm sich endlich einen wichtigen Wunsch erfüllt: einen neu formulierten Münsterplatz und ein Stadthaus.

Am Morgen der Eröffnung – es war der 12. November 1993 – lag Nebel über Ulm und verhüllte den hohen Turm. Das Münster gluckte breit und behäbig auf der Stadt, zu seinen Füßen die neue Primadonna in ihrem allgegenwärtigen Weiß. Für denjenigen, der an diesem Tag vom Bahnhof her die lange, sich in leichten Krümmungen windende Hirschstraße mit ihren vielen Geschäften entlangschlenderte, hatte das Bild eine merkwürdige Kraft. Dort, wo die Straße sich am Ende formlos dem vordem ungefügen, von parkenden Autos entstellten Platz überlassen hatte, stellte sich ihr nun ein großes, strahlendes Gebäude entgegen, weniger ein Tor als eine ausgeklügelte Introduktion: Links eröffnet sich nach einer kleinen Wendung der Platz, wird der Blick aufs Münster und seinen Turm freigegeben, rechts zeigt sich eine neu formulierte, schmale Gasse mit einem Durchblick bis hin zum alten, robusten Rathaus. Eine Zeitlang wirkte das Stadthaus auf viele Ulmer kühl und befremdlich, seine selbstbewußte Figur impertinent. Unterdessen gehört es, ob geliebt oder gescholten, ins Bild der Stadt, neben das spätgotische Münster, dessen Ruhm es in der Baukunst nun teilt – und dabei bekräftigt.

Es gibt nur wenige Beispiele, bei denen so wie mit Richard Meiers Stadthaus mit Architektur Städtebau gemacht worden ist. So war ja der hauptsächliche Beweggrund, dieses Haus zu bauen, nicht ein bestimmter Inhalt, den es endlich an diesem Platz zu beherbergen galt, sondern der Münsterplatz, für den nach einer schlüssigen neuen Fassung verlangt worden war. Daß schließlich der Entwurf des Amerikaners Richard Meier dafür ausgewählt worden ist und den Beifall nahezu aller Fachleute und sogar aller Politiker bekommen hat, ist das eine, was den Fall ungewöhnlich macht. Das andere ist der städtebauliche Irrtum, den die Stadt im vorigen Jahrhundert begangen hatte und an dem sie über hundert Jahre lang krankte. Um das erste begreifen und würdigen zu können, muß man mit dem zweiten beginnen: mit der Platzerweiterung, die nach 1873 hier am Fuß des Münsterturms vollzogen und mit dem Stadthaus nun endlich korrigiert worden ist: Schlußszene eines langen, verzweifelten, rührenden, jammervollen Trauerspiels.

Alles war, selbstverständlich, stets um etwas vermeintlich Besseren willen vonstatten gegangen, nicht ahnend, daß dies schon wenige Jahre später als Unglück empfunden werden würde. Über hundert Jahre lang sind zur Ehre des Münsters, der Stadtpfarrkirche Unserer lieben Frau, an die zehn Architektenwettbewerbe veranstaltet worden, einer so vergeblich wie der andere. Daneben gab es mindestens acht Anstrengungen anderer Art; teils hatten sie sich Privatarchitekten, teils das Stadtbauamt, teils Studenten aufgeladen, die sich ihre Köpfe in Semester- und Diplomarbeiten darüber zerbrachen, um für den Münsterplatz wieder eine passable Größe und eine angemessene Form zu finden, auch eine bessere Qualität der Randbebauung. Die ist tatsächlich zweimal gewechselt worden, zum erstenmal freiwillig in der Gründerzeit, weil man glaubte, sie müsse sich dem heiligen Münster zuliebe erheblich mehr in die Brust werfen; deshalb ersetzte man die dreistöckigen Häuser durch fünfstöckige mit prächtigem Fassadenschmuck. Zum zweitenmal geschah es unfreiwillig, nachdem die Bomben des Zweiten Weltkriegs die Altstadt zu über vier Fünfteln in Trümmer gelegt hatten; danach begann, wie anderorts, eine oft heftig geführte Auseinandersetzung über die Frage, ob die so schrecklich ruinierte alte Stadt nun in neuem oder in altem Geiste (wieder) aufgebaut werden, ob sie in zeitgenössischer Architektur errichtet oder möglichst rekonstruiert werden sollte. Die Entscheidung fiel, wie fast überall und offenbar nicht anders zu erwarten, für eine Architekturmixtur, die keinem wehzutun versuchte, die zwar neu sein würde, aber an die Erinnerung anknüpfen sollte.

Und immer auch war es diese Ausflucht ins Unverfängliche gewesen, die letztlich alle Wettbewerbe um den Münsterplatz zum Scheitern brachte. Stürzten sich Architekten dennoch tollkühn in die Moderne, forderten sie couragiert den Kontrast zur Historie heraus, ließen die Preisrichter sie gnadenlos scheitern: Solche Dreistigkeiten empfanden sie im Angesicht Ihrer Majestät des Münsters als Beleidigung. Es war ihnen fremd, daß sich wahre Ehrerbietung nicht in einer unterwürfigen, anpassungsbereiten, sondern nur in einer ehrlichen Architektur von ebenbürtigem Selbstbewußtsein finden läßt.

Das Münster war einst, wie das Mittelalter es liebte, von Häusern dicht umgeben. Und so war der Platz, ehe er radikal freigelegt wurde, zu fast zwei Dritteln bebaut. Im Jahr 1229 hatten Barfüßer-Mönche sich hier, schon einhundertfünfzig Jahre vor der Grundsteinlegung zum Münster, ein Kloster gebaut und es nach einem Brand 1392 neu errichtet. In ihrem »Kirchle«, das in der Südostecke des Platzes etwa dort gestanden hatte, wo sich heute das Stadthaus-Restaurant befindet, war schon 1524 evangelisch gepredigt worden, und nachdem die Stadt sich 1531 zur Reformation bekannt hatte, verließen die Mönche noch im selben Jahr ihr Kloster. Es diente nach der Reformation verschiedenen Zwecken, 1622 wurde ihm ein Gymnasium angefügt. Alles schien nunmehr in Ordnung: Die Stadt war hier, in ihrem nach und nach ergänzten, nach Bedarf neu und anders genutzten Zentrum zur Ruhe gekommen.

Das Bedürfnis, am Platz und den Gebäuden, die dort so dicht am Münster standen, zu rütteln, erwachte erst zusammen mit den neuen, von Preußen aufgewühlten nationalen Gefühlen, natürlich auch mit der immer genaueren, enthusiastischen Erforschung der Geschichte, die nun in allen Wissenschaften den Ton angab. Nach dem deutsch-französischen Krieg 1870/71 und der Ausrufung Wilhelms I. in Versailles zum deutschen Kaiser war es dann soweit: Der Sieg über Frankreich stiftete Bürger im ganzen Land an, ihn mit Turmbauten zu krönen. Von 1800 bis 1814, vor allem aber im letzten Drittel des Jahrhunderts, lesen wir in Ingrid Honolds Dissertation *Der Ulmer Münsterplatz* von 1993, sind etwa hundertachtzig Kirchtürme vollendet worden. Und so wie in Köln, wo der Kaiser als Motivator für die Vollendung des Doms nun offenbar stärker war als der Klerus, setzte man das Werk auch hier mit Tempo fort. So wurde der Turm des Ulmer Münsters schließlich 1890 vollendet.

Die ersten Bestrebungen hatten sich allerdings schon 1841 mit der Gründung des »Vereins für Kunst

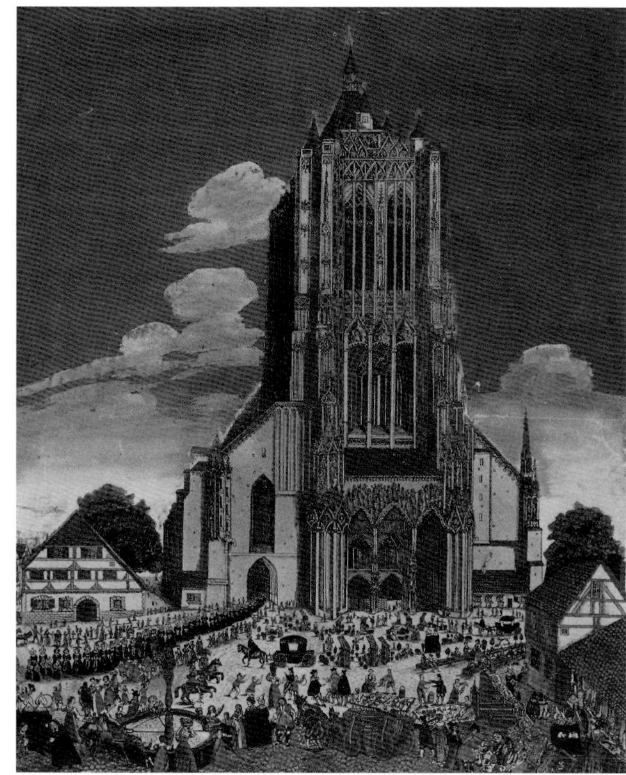

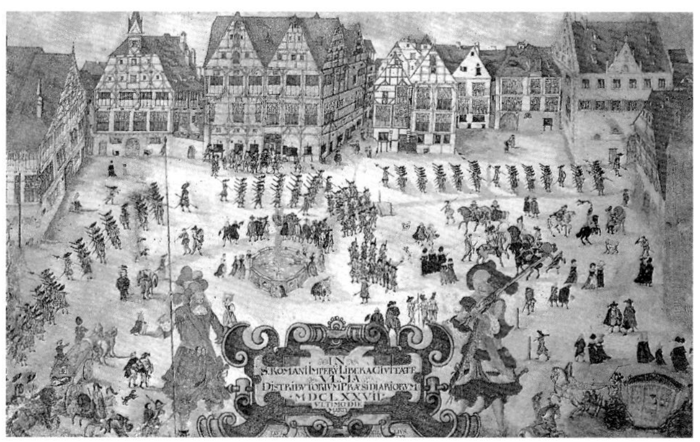

1. Der Münsterplatz mit unvollendetem Münsterturm in der Mitte des 17. Jahrhunderts. Stich von T. Arnold, 1666, in einer Kopie von R. Ellenrieder, 1835. (Stadtarchiv Ulm.)
2. Der nördliche Bereich des Münsterplatzes in der zweiten Hälfte des 17. Jahrhunderts. Stich von Paul Wille, 1677. (Stadtarchiv Ulm.)

1. Münsterplatz with the uncompleted spire of the Münster in the mid-17th century. Etching by T. Arnold, 1666, in a copy by R. Ellenrieder, 1835. (Stadtarchiv Ulm.)
2. The northern section of Münsterplatz in the second half of the 17th century. Etching by Paul Wille, 1677. (Stadtarchiv Ulm.)

3. Münster und Münsterplatz mit »Kirchle«, ehemaligem Kloster und Gymnasium um 1800. Ausschnitt aus dem Schlumberger-Plan, 1808. (Stadtarchiv Ulm.)
4. Blick aus der Hirschstraße auf das »Kirchle« mit dem Turm des Münsters im Hintergrund. Gemälde von Michael Neher, 1839. (Stadtarchiv Ulm.)

3. Münster and Münsterplatz with the »Kirchle«, the former monastery and the grammar school about 1800. Detail of the Schlumberger plan, 1808. (Stadtarchiv Ulm.)
4. View of the »Kirchle« with the spire of the Münster in the background from Hirschstraße. Painting by Michael Neher, 1839. (Stadtarchiv Ulm.)

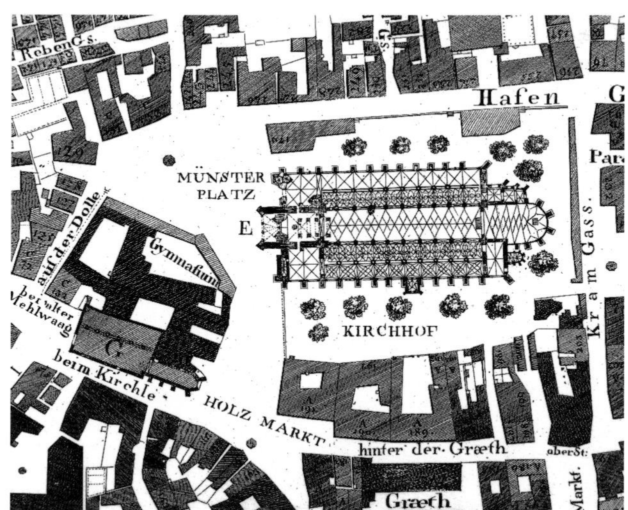

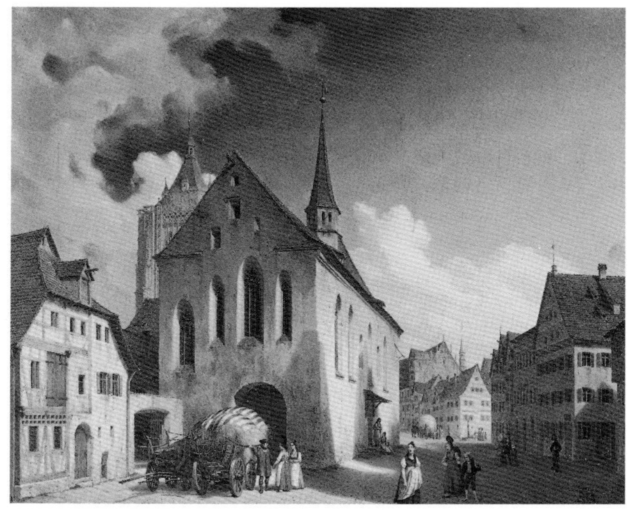

»What I am striving for is presence, not illusion.« Richard Meier's dialogue with Gothic in Ulm

After a débâcle that lasted over a hundred years an important wish has finally been fulfilled in Ulm: a newly shaped Münsterplatz and a Stadthaus (municipal hall).

On the morning of the opening – it was 12 November 1993 – it was foggy in Ulm, and the Münster spire was hidden. The great church brooded placidly and ponderously over the city, with the new prima donna in omnipresent white at its feet. A remarkably powerful image as you stroll up from the station along Hirschstraße, a long, gently curving shopping street. At the point where the street used to slip aimlessly into the ungainly square, further disfigured by parked cars, you are now faced with a new, gleaming building; it is not so much as gateway as a cleverly devised introduction: on the left, after a small turn, the square opens up, revealing a view of the Münster and its spire; on the right is a newly created, narrow alleyway, with a view through to the robust old town hall. For a time many of the people of Ulm found the Stadthaus cool and alienating, and found its self-confident pose impertinent. But now, love it or loathe it, it is part of the town's image, alongside the late-Gothic Münster whose architectural fame it now shares – and enhances.

There are only few examples of architecture as an urban design tool in a way that is comparable with Richard Meier's Stadthaus: the main reason for building it was not that a particular facility was finally to be housed in this square, but that a conclusive new framework was needed for Münsterplatz. One thing that makes the case unusual is that American architect Richard Meier's design was chosen and met with the approval of almost all the experts involved, and even all the politicians. The other is the urban-development error that the city had made in the previous century and for which it had suffered for a hundred years. To be able to understand and appreciate the first it is necessary to start with the second: the extension of the square that was completed here at the foot of the Münster spire after 1873 and has now at last been corrected by the building of the Stadthaus: the final scene of a long, desperate, moving, pitiful tragedy.

Of course everything was always done because it was seen as a possible improvement, little suspecting that only a few years later it would be seen as an unfortunate mistake. For over a hundred years up to ten architectural competitions had been arranged in honour of the Münster, the Parish Church of Our Lady, each one as futile as the last. As well as this there had been eight efforts of different kinds, some by private architects, some by the municipal building department, some by students, all of whom racked their brains in their dissertations and theses – all to make Münsterplatz an appropriate size and a pleasant shape, with better quality buildings on its sides. The style of these buildings had in fact been changed twice, first voluntarily in the late 19th century, because it was thought that a bit more of a show ought to be made for the holy Münster's sake; for this reason the three-storey buildings were replaced by five-storey ones with magnificently decorated façades. The second time it happened involuntarily, after bombs destroyed over four fifths of the old town in the Second World War; after this, as happened all over the country, there was an often violent altercation about whether the horribly damaged old town should be rebuilt (yet again) in a modern style, or in the old one, whether the architecture should be contemporary or a reconstruction to as large an extent as possible. The decision was taken that was taken almost everywhere – probably nothing else can be expected – to go for architecture that tried to hurt nobody, new, but trying to be faithful to the past.

And every time it was precisely this flight into harmlessness that ultimately caused all the Münsterplatz architectural competitions to fail. If architects flung themselves rashly into Modernism, if they boldly demanded a contrast with history, the judges eliminated them mercilessly. They found such audacity insulting in the face of Her Majesty the Münster. They simply could not grasp the idea that true respect was to be found not in submissive architecture that was prepared to conform, but only in honest architecture of equal self-confidence.

The Münster was once completely surrounded by other buildings, as the Middle Ages preferred. And so the square was almost two thirds built up, until it was radically cleared. In 1229, discalced monks had built a monastery here, a hundred and fifty years before the Münster foundation stone was laid, and rebuilt it in 1392, after a fire. Protestant sermons had been preached in their »Kirchle« – it stood in the south-eastern corner of the square, where the Stadthaus restaurant is today – as early as 1524, and in 1531, after the town embraced the Reformation, the monks abandoned their monastery. It was used for various purposes after the Reformation, a grammar school was attached to it in 1622. Everything was all right: the town was at peace here in its gradually extended centre, which had been put to new and different uses as needed.

A need to do something about the square and the buildings close to the Münster did not arise until much later, along with the new nationalist feelings stirred up by Prussia, and of course also in the spirit of the ever more precise, enthusiastic research into history that was now setting the tone in all academic fields. The Franco-German War of 1870/71 and the proclamation of Wilhelm I as German Kaiser in Versailles incited citizens all over the country to celebrate the victory over France by building towers. From 1800 to 1814, but especially in the last third of the century, as we read in Ingrid Honold's 1993 dissertation *Der Ulmer Münsterplatz*, about one hundred and eighty church towers were completed. And just as in Cologne, where the Kaiser was now obviously a more powerful motivating force for the completion of the cathedral than the clergy, work now proceeded apace in Ulm as well. The Münster spire was finally completed in 1890.

First efforts had been seen here already in 1841 with the foundation of the »Verein für Kunst und Alterthum« (Association for Art and Antiquity). One of the aims of this institution devoted to art and antiquity was to complete the half-finished spire of the Münster, this »jewel of the first water«, »one of the most overwhelming churches« in existence, and anyway the largest Protestant place of worship in Germany. Work had been stopped in 1492, because they were not entirely

und Alterthum« angedeutet. Zu seinen Zielen gehörte es, den halbfertig gebliebenen Turm des Münsters, dieses »Kleinods ersten Ranges«, »eines der gewaltigsten Kirchenbauwerke«, immerhin des größten protestantischen Gotteshauses in Deutschland, zu Ende zu bauen. 1492 war die Arbeit daran eingestellt worden, weil man den Fundamenten nicht traute und seinen Einsturz befürchtete. Gut fünfzig Jahre darauf wurde »zur Vermeidung neuer Kosten« dann auch der Bau des Kirchenschiffs beendet und nur noch das Wichtigste instand gehalten. 1882 endlich, nachdem das Fundament verstärkt und auch die Chortürme erhöht worden waren, wurden die Bauarbeiten wiederaufgenommen. Am 31. Mai 1890, ein Jahr nach Fertigstellung des Eiffelturms in Paris, wurde dem mächtigen Westturm des Ulmer Münsters der 362 Zentner schwere Schlußstein mit der Kreuzblume aufgesetzt.

Neben dem Ingenieurtriumph hatte sich die Gegenwart noch rasch einen späten gotischen geleistet. Nun ließ der Stolz über das vollbrachte Werk die Ulmer nicht ruhen, nun wollten sie Platz schaffen, um dem Turm zu größerer Wirkung zu verhelfen. Die Stadt hatte schon 1873 mit einem Architektenwettbewerb Aufschluß darüber zu erhalten erhofft, ob das Kloster, das Gymnasium und das dazugehörige Kirchlein abzureißen, der Platz zu leeren sei, oder ob sich der alte Komplex durch einen neuen so ersetzen lasse, daß der Blick aufs Münster frei und großzügig gerahmt werde. Der Wunsch, die alten Gemäuer niederzulegen, um die monumentale Wirkung der Kirche zu steigern – und den kleinen Menschen den großen Gott spüren zu lassen –, wuchs erheblich. Nun erkannte man darin zugleich die Möglichkeit, der Garnisonstadt Ulm zugleich einen imposant gerahmten Paradeplatz für den Kaisergeburtstag und den Großen Zapfenstreich zu verschaffen. Noch im selben Jahr beschloß der Gemeinderat, den Platz freizulegen. Und so geschah es.

Doch kaum hatten sich die Ulmer an den überraschend weiten Platz zu gewöhnen begonnen, empfanden viele ihn auch schon als wüst und leer. Was Wunder! Es gehört zur mächtigen Wirkung monumentaler Bauwerke des Mittelalters ebenso wie der Renaissance und des Barocks, daß sie aus dem Gedränge der Stadt mit wuchtiger Plötzlichkeit emporschießen. Kunsthistoriker und Städtebauer spotteten über den unheiligen Drang nach »Luft und Licht«, sprachen von »einer der größten modernen Torheiten« oder nannten wie Camillo Sitte, der 1889 mit seinem Buch *Der Städtebau nach seinen künstlerischen Grundsätzen* enormes Aufsehen erregt hatte, den »Freilegungswahn« und die »Vernichtung der alten Plätze« eine »Modekrankheit«. Es zwinge sich, Sitte zufolge, »die Erkenntnis auf, daß die alten gotischen Dome gar zu sehr zu ihrem eigenen Vorteil ringsherum so eng verbaut sind und nur zum Hauptportal freien Zutritt haben, was auch der Bewegung des Volkes zu der Kirche, dem Einzug von Prozessionen durch das Hauptportal etc. naturgemäß entspricht. Man denke sich in was immer für einer Stadt eine ehrwürdige, alte, gotische Kirche mitten auf einen endlos sich hindehnenden Exerzierplatz gestellt, und man wird nach der bloßen Vorstellung zugeben müssen, daß hier die eigentümliche, gewaltige Wirkung des Bauwerkes geradezu vernichtet wäre.«

Der Ulmer Sieg über die Enge: eine Niederlage. Der Gewinn des freien Blicks auf den Münsterturm: in Wahrheit ein Verlust, eine Vulgarisierung, ästhetischer Exhibitionismus. Das Münster: aus seinem Zusammenhang gerissen, eine »Torte auf dem Präsentierteller«.

Die einen fanden das nach wie vor ganz wunderbar, die anderen, deren immer mehr wurden, sannen auf Korrektur. Großes Ach und Weh: Was tun? Die Stadt flüchtete sich unterdessen in ein subalternes Problem und suchte erst einmal nach Entwürfen für eine Bedürfnisanstalt, die im Südwesten des Platzes gebaut werden sollte; den Wunsch nach einem Musikpavillon gab man der protestierenden Markthändler wegen auf. Ein Münsterplatz-Wettbewerb brachte 1905/06 zwar keinen akzeptablen Entwurf, aber die Gewißheit, daß der Platz am südlichen Rand einen architektonischen Abschluß verlangte. Immerhin baute man nun dort, wo die Horschstraße einmündet, ein Straßenbahn-Wartehäuschen, versuchte sich währenddessen weiter an immer neuen Plänen, stürzte sich schließlich 1924 in einen neuen, den bis dahin ehrgeizigsten Versuch, dem Münsterplatz zu einer neuen Fassung zu verhelfen.

Doch trotz der beinahe fünfhundert Teilnehmer endete auch diese Unternehmung wie das Hornberger Schießen. Drei erste und drei zweite Preise offenbaren die Hilflosigkeit des prominenten Preisgerichts (mit Theodor Fischer, Paul Bonatz, German Bestelmeyer). Ein Kritiker notierte: »Architektur läßt sich eben nicht als Kulisse bauen, sondern nur aus ihrer baulichen und räumlichen Bestimmung heraus formen.« Eben daran, an einem präzisen Raumprogramm, hatte es gefehlt, ein Fall von fiktionalem Städtebau. Und die Hoffnung, daß sich aus den früheren Erfahrungen Nutzen ziehen lasse, trog. »Romantische Kleinstadtpoesie« und »künstliche altertümliche Nachahmung« überwogen dennoch; die modernen Vorschläge, voran der allerkühnste von Hans Scharoun, waren im Handumdrehen ausgeschieden, nicht einmal der expressionistische Entwurf von Dominikus Böhm hatte eine Chance. Traurig schrieb Herman Sörgel, daß »in den prinzipiell verfehlten Lösungen ... oft viel mehr architektonisches Können als in richtig erfaßten ... Ideen« gesteckt habe.

Die folgenden Wettbewerbe, erst recht derjenige von 1938, bei dem versucht wurde, den Münsterplatz für die politischen Massenkundgebungen der Nationalsozialisten herzurichten, sind nicht der Rede wert. Dann brach der Zweite Weltkrieg über die Stadt herein und legte über 80 Prozent der Altstadt rings um das Münster in Schutt und Asche. Welch tieftrauriger Anblick! Über die Art des Wiederaufbaus brachen alsbald heftige Debatten aus. Sollte man sich streng an den historischen Stadtgrundriß halten oder die Gelegenheit zur Modernisierung der Stadt und ihrer Straßen nutzen? Sollte man die Häuser der Altstadt wieder errichten, wie sie waren, wenigstens in Nachempfindungen? Sollte man nicht, wie Oberbürgermeister Theodor Pfizer 1949 hoffte, »den Mut haben, nicht altertümlich konservierend, sondern in den Formen des zwanzigsten Jahrhunderts zu bauen«? Der Mut reichte freilich nur für einen in den fünfziger Jahren beliebten Kompromiß, der weder eine wirklich alte noch eine konsequent zeitgenössische Architektur hervorbrachte. Rings um den Münsterplatz bemühte man sich nun unter den Argusaugen des 1899 gegründeten, seitdem unermüdlichen Vereins »Alt-Ulm«, dem alten Stadtbild einigermaßen nahezukommen, so wie es dann das Ergebnis eines Architektenwettbewerbs von 1953 emp-

5. Der südwestliche Bereich des Münsterplatzes um 1896, nach dem Abriß des »Kirchles«, des ehemaligen Klosters und des Gymnasiums. (Stadtarchiv Ulm.)
6. Theodor Fauser und Richard Wörnle, Entwurf für eine Neugestaltung des Münsterplatzes, 1906. Erster Preis im Wettbewerb von 1905/06. (Stadtarchiv Ulm.)

5. The south-western section of Münsterplatz about 1896, after having pulled down the »Kirchle«, the former monastery and the grammar school. (Stadtarchiv Ulm.)
6. Theodor Fauser and Richard Wörnle, project for remodelling Münsterplatz, 1906. First prize in the 1905/06 competition. (Stadtarchiv Ulm.)

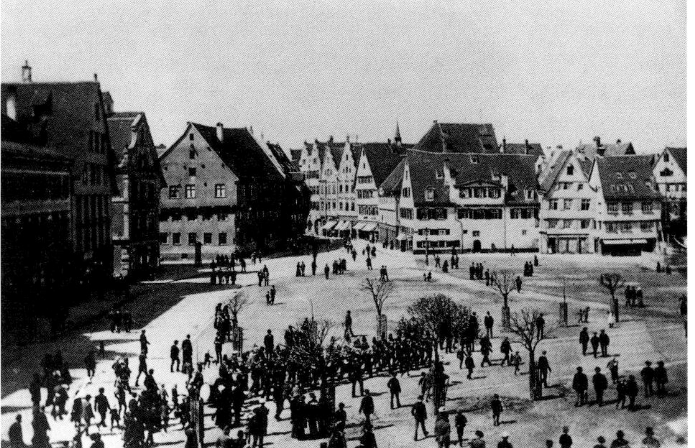

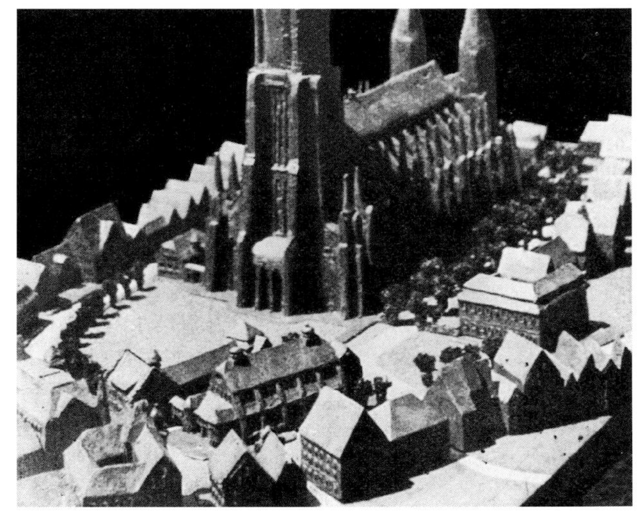

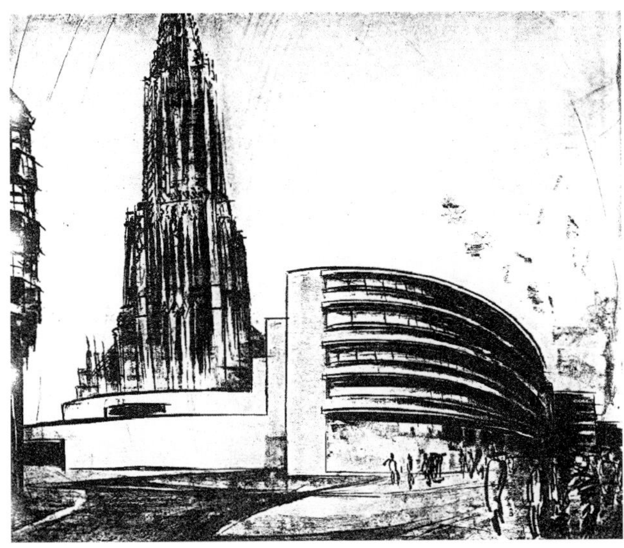

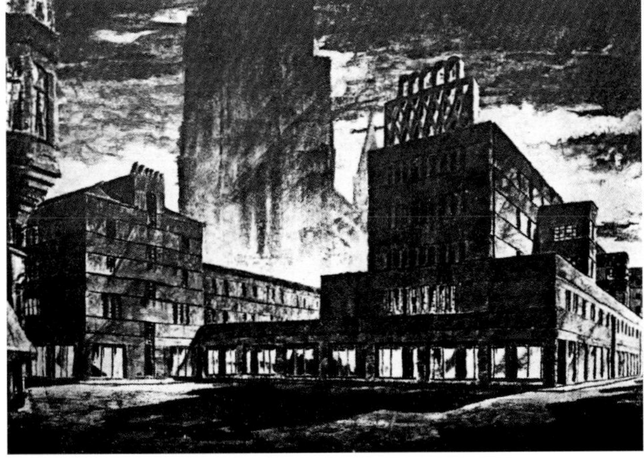

7, 8. Wettbewerb zur Neugestaltung des Münsterplatzes von 1924/25. 7 Hans Scharoun, 8 Dominikus Böhm.

7, 8. Competition for remodelling Münsterplatz. 7 Hans Scharoun, 8 Dominikus Böhm.

confident about the foundations and feared that the tower might collapse. A good fifty years after this, »to avoid new expense«, work stopped on the nave and only the most important sections were maintained. Finally in 1882, after the foundations had been reinforced and the choir towers raised, building was taken up again. On 31 May 1890, one year after the Eiffel Tower was completed in Paris, the 362 hundredweight keystone with finial was put in position on top of massive west spire of the Münster in Ulm.

As well as the engineering triumph the present had achieved a triumph of late Gothic. Now pride in the completed work would not leave the people of Ulm in peace, they wanted to do something to the square now, so that the spire could be even more effective. The city hoped to reach some conclusions about this with an architectural competition as early as 1873: whether to empty the square by pulling down the monastery, the grammar school and the little church belonging to it, or whether the old complex could be replaced by a new one in such a way as to frame the view of the Münster freely and generously. Desire to pull down the old buildings to enhance the monumental effect of the church – and to give little human beings a sense of almighty God – increased considerably. And at the same time they saw a clear possibility of creating an imposing parade ground for the garrison city of Ulm for the Kaiser's birthday parade and the tattoo. The council decided to clear the square in the same year. And that is what happened.

But hardly had the people of Ulm started to get used to the surprisingly large square when many people started to insist that it was desolate and empty. No wonder! Monumental medieval buildings, as well as those from the Renaissance and Baroque periods, need to shoot out of the hurly-burly of the city if they are to make a powerful effect. Art historians and urban developers mocked the unholy compulsion for »light and air«, spoke about »one of the greatest of modern follies«, or like Camillo Sitte, who had attracted a great deal of attention in 1889 with his book *Der Städtebau nach seinen künstlerischen Grundsätzen*, called »clearing madness« and »the destruction of the old squares« a »fashionable disease«. Sitte says that »we are forced to the conclusion that it is much to the advantage of old Gothic cathedrals that they are so closely surrounded by buildings and have free access only to the main portal, which is also naturally appropriate to the people's movement to the church and the passage of processions through the main portal etc. Just think of a venerable, ancient Gothic church in any kind of town in the middle of an endless parade ground and the very idea will compel you to admit that the particular impact of the building would be completely destroyed.«

Ulm's victory over undue constriction: a defeat. Gaining on open view of the Münster spire: in fact a loss, a vulgarization, aesthetic exhibitionism. The Münster: wrenched out of its context, a »cake on a salver«.

Some found it quite wonderful, as they always had done, others, in increasing numbers, thought about trying to put it right. Much weeping and wailing: what was to be done? The city took refuge in a minor problem and started to look first of all for designs for a public convenience that was to be built in the southwest corner of the square; a request for a bandstand was rejected because of protests from market traders. A Münsterplatz competition in 1905/06 did not produce any acceptable designs, but did make it quite clear that the square needed an architectural conclusion on its southern periphery. But all that was built was a tram shelter at the junction with Hirschstraße. At the same time attempts were made to come up with all sorts of new plans, and finally in 1924 the plunge was taken into what was up to then the most ambitious attempt to create a new shape for Münsterplatz.

But this enterprise came to nothing as well, despite five hundred participants. Three first and three second prizes reveal the helplessness of the prominent jury (which included Theodor Fischer, Paul Bonatz and German Bestelmeyer). One critic commented: »Architecture cannot be built as a backdrop, but can be shaped only from its architectural and spatial purpose.« Exactly right, there was no precise spatial programme, it was a case of fictional urban development. And the hope that benefit could be drawn from previous experience was deceptive. »Romantic small-town poetry« and »artificial ancient imitation« were frequent comments; the Modern suggestions, in the forefront an extremely bold one by Hans Scharoun, were rejected at the drop of a hat. Not even Dominikus Böhm's Expressionist design stood a chance. Herman Sörgel wrote sadly that »the solutions that failed in principle ... often (contained) more architectural ability than properly digested ideas«.

Subsequent competitions, and particularly the 1938 example, in which an attempt was made to fit out Münsterplatz for the Nazis political mass rallies, are not worth mentioning. Then the Second World War hit the city and reduced over 80 per cent of the old town around the Münster to rubble. What a profoundly sad sight. Vigorous debates about rebuilding immediately broke out. Should they stick to the historical plan or take the opportunity to modernize the city and its streets? Should the buildings in the old town be rebuilt as they were, at least as imitations? Should one not, as mayor Theodor Pfizer hoped in 1949, »have the courage to build in a way that did not preserve the old but at least used 20th century forms«? There was apparently only enough courage to reach the kind of compromise that was very popular in the fifties: architecture that was neither really old nor consistently contemporary. An attempt was now made, under the eagle eye of the »Alt-Ulm« (»Old Ulm«) association, founded in 1899 and tirelessly active ever since, to revive the old cityscape around Münsterplatz to a certain extent, as recommended by an architectural competition in 1952: five-storey buildings with reinforced concrete frames, with most of the gables facing the square, and relentlessly provincial façades. Mindful of earlier vain attempts to correct the square the façades of the buildings to the west were, after all, moved forward ten metres.

But this was no improvement. In 1957 the city built a one-storey, flat-roofed traffic pavilion in a light-weight construction, and the square itself was simply used if not for the market, then as a giant car-park. But nevertheless, in the mid seventies, at least one person pointed out that things could not go on like this: architect and artist Hans-Dieter Schaal, who later became known for austere and artful works of architecture and opera sets. Together with designer Frank Hess he took it upon himself to design »a new Ulm«. It was a jaunty,

fahl: fünfstöckige Häuser, das Fachwerk aus Stahlbeton, die Giebel meist zum Platz gerichtet, das Fassadenbild unbarmherzig provinziell. Der früheren vergeblichen Versuche eingedenk, den Platz zu korrigieren, wurde die westliche Häuserfront immerhin um zehn Meter vorgerückt.

Doch die Verbesserung war keine. 1957 baute die Stadt in der Südwestecke des Platzes einen einstöckigen, flach gedeckten, leicht konstruierten Verkehrspavillon, der Platz selber wurde einfach in Gebrauch genommen. Wenn nicht Markttag war, wurde er als riesiger Parkplatz benutzt. Doch immerhin hatte Mitte der siebziger Jahre wenigstens einer bemerkt, daß das so nicht weitergehen dürfe, der Architekt und Künstler Hans Dieter Schaal, der später mit strengen Bau-Kunstwerken und Bühnenbildern für die Oper bekannt wurde. Zusammen mit dem Designer Frank Hess entwarf er aus freien Stücken »Ulm neu«. Es war ein kesser, ungewöhnlich phantasievoller, ideenreicher stadtbaukünstlerischer »Denkanstoß für die Architektur einer Stadt« und hatte, wie ein Zeuge berichtete, »heilige Kühe zum Hopsen« gebracht. Er war der Stadt selbstverständlich zu kühn und viel zu unruhig. Sie probierte es statt dessen 1977 mit einem neuen Wettbewerb, der nun die gesamte innere Altstadt zwischen Münster und Rathaus zum Thema hatte und vor allem dem Verkehr eine neue Ordnung geben sollte. Drei Jahre darauf ließ sie wieder einen folgen, ohne überzeugendes Ergebnis. Unterdessen hatten sich auch Studenten von vier Hochschulen und Universitäten am Münsterplatz versucht, aus eigenem Antrieb auch einige Ulmer Architekten, und schon wollte man Ausflucht in Bäumen und Hecken suchen. Proteste, Spott. Nein, hieß es, wir schaffen das nie.

Bis der neue Oberbürgermeister Ernst Ludwig die Geduld verlor und diesmal das Äußerste wagen wollte. Da von Architekten aus Ulm und um Ulm herum offenbar keine Erleuchtung zu erwarten war, lud er von überallher nur solche ein, die ihre Qualität in derlei komplizierten Aufgaben schon bewiesen hatten und einen großen Ruf genossen. Aus Anstand bekamen auch die letzten beiden Ulmer Preisträger noch eine Chance in diesem nun letzten Wettbewerb zu diesem Thema. Einer der Geladenen, der Wiener Hans Hollein, war vom bisherigen Fiasko so entmutigt, daß er das Risiko nicht eingehen mochte, alle anderen nahmen teil: Gottfried Böhm sowie Joachim und Margot Schürmann aus Köln, Hans Kammerer, Walter Belz und Klaus Kucher aus Stuttgart, Alexander Freiherr von Branca aus München, Heinz Mohl aus Karlsruhe, Hans Dieter Schaal aus Attenweiler mit Rolf R. M. Borchard aus Hannover und Richard Meier aus New York.

Man war sich einig, daß der Münsterplatz eine neue, eine konzise Gestalt mit Hilfe eines Bauwerks brauche. Erwartet wurde keine historisierende, sondern eine eindeutig moderne, die Umgebung reflektierende Architektur. Der Wettbewerb endete mit einer damals kaum noch vermuteten Sensation. Das Preisgericht kürte (mit acht gegen drei Stimmen, die für die Arbeit Gottfried Böhms votiert hatten) den Entwurf des New Yorkers Richard Meier und widmete ihm eine geradezu jubelnde Beurteilung. Es empfahl der Stadt, seinen Entwurf nun aber auch wirklich und ohne Umschweife auszuführen.

Dabei ist interessant zu wissen, daß sich auch die beruflichen Bewahrer und Kenner der Ulmer Baugeschichte im Preisgericht und unter seinen Beratern ausdrücklich dafür stark gemacht haben. Es gab so gut wie keinen Zweifel daran, daß Meiers ausgeprägte Architektur mit dem spätgotischen Münster erfolgreich harmonieren werde. Der damalige Präsident des baden-württembergischen Landesamts für Denkmalpflege, August Gebeßler, pries die Detailgliederung des Entwurfs; ihr werde »der lang gesuchte Dialog mit der älteren Baulandschaft gelingen«. Der Tübinger Landeskonservator Hubert Krins lobte die »Fortschreibung der städtischen Baulandschaft im Verhältnis zum Münsterbauwerk«. Im Münsterbaumeister Gerhard Lorenz weckte der Entwurf »Liebe auf den ersten Blick«. Sogar der konservative Bauhistoriker Hans Koepf aus Wien gestand: »Ich finde den Meier-Entwurf nicht schlecht«, die Baumasse sei keineswegs überzogen. Oberbürgermeister Ernst Ludwig, der ja nicht hatte glauben wollen, daß die Aufgabe unlösbar sei, war Feuer und Flamme. Der Gemeinderat schließlich hatte ihm, allen stadtpolitischen Turbulenzen trotzend, die Stange gehalten und votierte nun einstimmig dafür: Die Sozialdemokraten und die Freie Wählergemeinschaft, die Christlichen Demokraten ebenso wie die Grünen versprachen, »alles zu tun«, was in ihren Kräften stehe, damit die städtebauliche und die architektonische Entscheidung »ohne Substanzverlust durchgesetzt« werde. Der Evangelische Gesamtkirchengemeinderat schlug sich mit 59 gegen 11 Stimmen auf ihre Seite, der städtische Denkmalrat gab sein Plazet, und 29 Ulmer Architekten gratulierten ihrer Stadt öffentlich »zu dem überzeugenden Ergebnis des Münsterplatz-Wettbewerbs«.

Man muß die Erleichterung darüber, das über hundert Jahre währende Spektakel glücklich überwunden zu haben, fast körperlich gespürt haben. Nur der Verein »Alt-Ulm« beharrte auf seiner Ansicht und fand die so offenkundige Bereitschaft, das Münster dem weißen Meierschen Eindringling auszusetzen, schändlich. Hans Koepf, dem sie sich doch vermutlich nicht gar so fremd fühlen konnten, nannte ihre unnachgiebige Gegnerschaft »kleingeistig und kleinkariert«; für ihn war die Verkleinerung des Münsterplatzes unumgänglich. Zwar schien es so, als richtete sich die Abneigung der »Alt-Ulmer« genau dagegen. In Wahrheit aber fühlten sie sich durch die kompromißlose Architektur herausgefordert. Mit einem Bau nach Art des Ulmer Kornhauses – rechteckig, steiles Dach –, auch mit dem Vorschlag Gottfried Böhms hätten sie sich abgefunden, nicht aber mit diesem weißen, strahlenden Stadthaus.

Was Wunder, daß sie beim Gebrauch von Schmähungen nicht zimperlich waren. Sie nannten den Bau «Weltraumbahnhof«, »Architekturgag«, natürlich auch einen »Luxusdampfer«, ja, einen »Panzerkreuzer«. Und flott folgte ihnen der – dem Volk gern von Journalisten untergeschobene – Volksmund mit der »Waschschüssel Gottes«, dem »gelandeten Ufo«, der »Ulmer Hutschachtel« und »Meiers Gasometer«, und der war nun auch nicht mehr einfach weiß, sondern »edelweiß«. Man muß diese flapsigen Epitheta erwähnen, weil sie ja all den ernsthaften, oft auch leidenschaftlichen Diskussionen zum Trotz, die nicht zuletzt dem Architekten Respekt vor dem demokratischen Temperament der interessierten Bürger abverlangt hatten, die Atmosphäre schwängerten: hilflose Abwehrbewegungen von Leuten, die glaubten, sich fern von aller möglich gemachten Information mit ihrem ästhetischen Irgendwie-Gefühl begnügen zu können. Natürlich hat auch

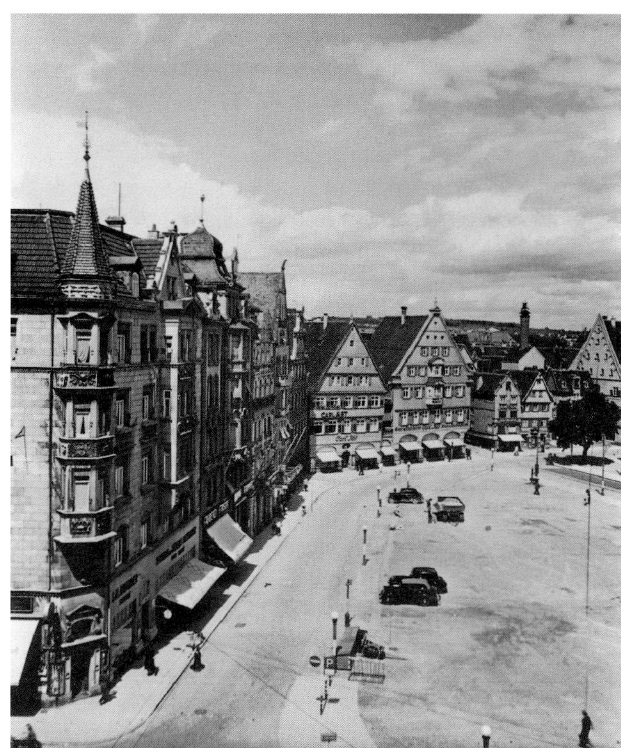

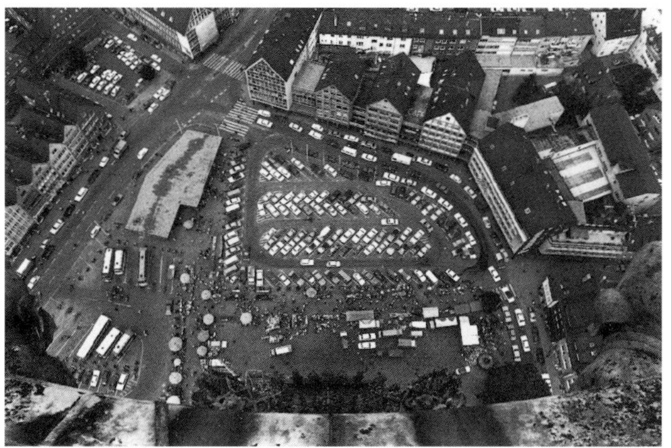

9. Der westliche Bereich des Münsterplatzes vor 1944. (Stadtarchiv Ulm.)
10. Der Münsterplatz im Jahr 1983. (Photo: Manfred Sack.)

9. The western section of Münsterplatz before 1944. (Stadtarchiv Ulm.)
10. Münsterplatz in 1983. (Photo: Manfred Sack.)

11, 12. Hans Dieter Schaal und Frank Hess, »zum Beispiel Ulm neu. Denkanstöße für die Architektur einer Stadt«, 1975.

11, 12. Hans Dieter Schaal and Frank Hess, »A new Ulm as an example. Food for thought about the architecture of a city«, 1975.

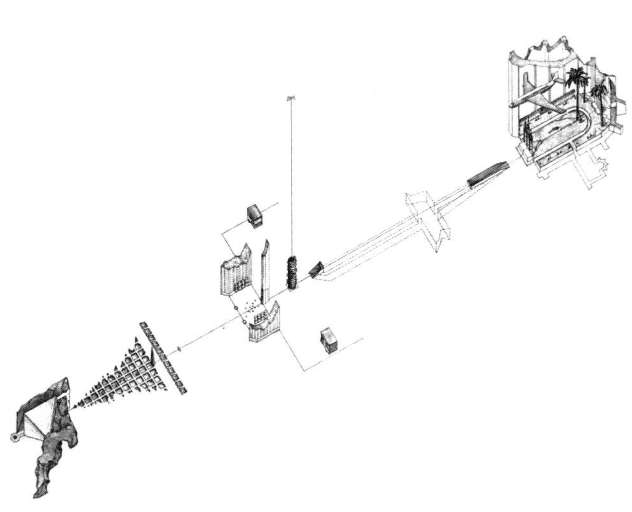

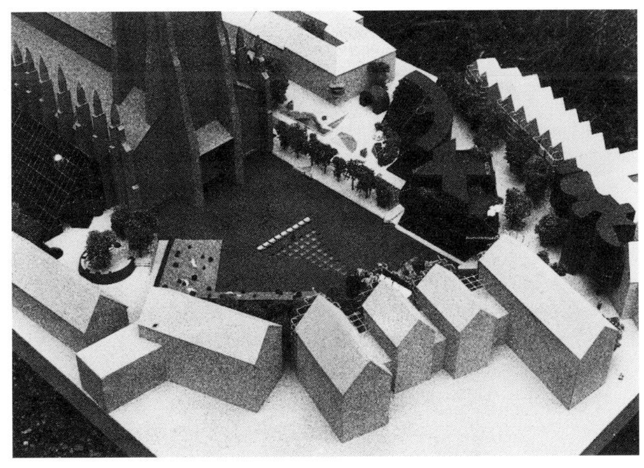

unusually imaginative attempt to provide »food for thought about the architecture of a city«, full of ideas for artistic urban development, and, as one witness reported, it set »some sacred cows dancing«. Of course the city found it much too bold and unrestful. So instead it tried a new competition in 1977. This involved the whole old town between the Münster and the Town Hall, and was above all intended as a new traffic scheme. Three years later came another competition; still no result. In the meantime students from four colleges and universities had experimented with Münsterplatz, some Ulm architects had done work of their own accord, and now they were seeking refuge in trees and hedges. Protests, mockery. No, they said, we're never going to do it.

But finally the new mayor, Ernst Ludwig, lost his patience and decided to go to extremes this time. As no revelations seemed to be forthcoming from architects from and around Ulm he issued invitations to architects from everywhere but only those who had already shown that they could handle complicated tasks of this kind, and who had major reputations. As a matter of decency the last two Ulm prizewinners were also given a chance in this, the last competition on this particular subject. One of the invitees, Viennese architect Hans Hollein, was put off by the fiasco so far that he did not want to risk it, but all the rest took part: Gottfried Böhm and Joachim and Margot Schürmann from Cologne, Hans Kammerer, Walter Belz and Klaus Kucher from Stuttgart, Alexander Freiherr von Branca from Munich, Heinz Mohl from Karlsruhe, Hans Dieter Schaal from Attenweiler with Rolf R. M. Borchard from Hanover, and Richard Meier from New York.

Agreement had been reached that Münsterplatz needed a new, concise shape by means of a building. What was wanted was not historicizing architecture, but unambiguously modern architecture that would reflect its surroundings. The competition ended in a sensation that had scarcely been anticipated at the time. The jury chose Richard Meier's design (by eight votes to three, who voted for Gottfried Böhm's entry), and they were almost jubilant about the work. They recommended that the city should now definitely implement his design, with no further ado.

It is interesting to know in this context that the professional defenders of and experts on Ulm's architectural history in the jury and among its advisors were equally strongly in favour. There was as good as no demur about the fact that Meier's striking architecture would harmonize with the strikingly late-Gothic Münster. The then incumbent president of the Baden-Württemberg department of historical monuments, August Gebeßler, praised the design's attention to detail: it would »successfully establish a dialogue with the older built landscape«. State conservator Krins of Tübingen praised the »continuation of the municipal built landscape in relation to the Münster building«. Münster master-builder Gerhard Lorenz fell in love with the design »at first sight«. Even conservative building historian Hans Koepf of Vienna grudgingly conceded: »I think Meier's design is not bad«, the mass of the building being certainly not exaggerated. Mayor Ernst Ludwig, who never even thought the task was impossible, was wildly enthusiastic about the idea. And finally the council, defying turbulent municipal politics, stuck up for it and voted for it unanimously. Social Democrats and the Free Voters' Association, Christian Democrats and Greens all promised »to do everything« in their power to »put through« the urban development and the architectural decision »without loss of substance«. The Protestant General Church Council voted for the design by 59 votes to 11, the municipal monument council voted in favour and 29 Ulm architects publicly congratulated their city »on the convincing result of the Münsterplatz competition«.

There must have been almost physical relief at the fact that over a hundred years of mayhem was finally over. Only the »Old Ulm« association insisted on its view and felt that it was scandalous to be so eager to subject the Münster to Meier's white interloper. Hans Koepf, to whom they presumably did not feel entirely alien, called their unyielding opposition »mean-minded and petty«; for him the reduction in size of Münsterplatz was inevitable. It seemed as though the »Old Ulm« association's disinclination was directed against this precise point, but in reality they felt challenged by the uncompromising architecture. They could have come to terms with a building like the Ulm Kornhaus – rectangular, steep roof –, and also with Gottfried Böhm's suggestion, but not with this white, gleaming Stadthaus.

No wonder that they were not overscrupulous in their choice of invective. They called the building a »space station«, an »architectural gimmick«, and of course an »luxury liner« as well, indeed a »battlecruiser«. And the general public were quick to pick up words journalists put in their mouths like »God's washbasin«, a »UFO has landed«, the »Ulm hatbox« and »Meier's gasometer«, and of course it was not just white *(weiß)* but *edelweiß*. These rude epithets have to be mentioned because, despite all the serious and indeed often passionate discussion, which had not least demanded that the architect should respect the democratic temperament of the interested citizens, they made the atmosphere considerably more difficult: helpless defensive gestures from people who believed they could be content by saying that it could be tackled somehow-or-another aesthetically, ignoring all the information that had been made available.

Of course the »Old Ulm« chairman, retired Justiz-Amtsrat Hellmuth Pflüger, a courteous man with a great deal of knowledge about monument preservation, continued to have difficulties with the gleaming apparition. And therefore he of all people will have been pleased with the remark that the Stadthaus had »as little to do with the spirit of the city as a refrigerator with an altar«. He himself spoke of a »new-fangled foreign body«, which was again decisively rejected by Münster master-builder Lorenz: this architecture was not a fashion item, but an expression of our times, just as late Gothic was an impression of other times. Of course this didn't make any impression on the incorrigible hard core, quite the contrary. Shortly after the town-hall politicians had taken the positively emphatic advice offered by all the experts they had consulted and given the commission to the American, protests started among the people of Ulm – certainly remarkably late, but not too late. The »Old Ulm« association used the last available moment to take advantage of a Baden-Württemberg law. They collected signatures and thus forced a referendum on the building of the Stadthaus.

After this came a year of extremely exhausting publicity work, marked by some very vigorous clashes.

der »Alt-Ulm«-Vorsitzende, der Justiz-Amtsrat a.D. Hellmut Pflüger, ein höflicher, in Denkmalsachen sehr kenntnisreicher Mann, immer noch Schwierigkeiten mit der strahlenden Erscheinung. Deshalb wird ihm vor allem die Bemerkung wohlgetan haben, das Stadthaus habe »mit dem Geist der Stadt so viel zu tun wie ein Eisschrank mit einem Altar«. Er selber sprach von einem »neumodischen Fremdkörper«, was wiederum vom Münsterbaumeister Lorenz entschieden zurückgewiesen wurde: Diese Architektur sei kein »Modeartikel, sondern Ausdruck unserer Zeit, so wie die Spätgotik Ausdruck einer anderen Zeit war«. Er machte bei den Unverbesserlichen damit allerdings keinen Eindruck, im Gegenteil. Kurz nachdem die Politiker im Rathaus der geradezu emphatischen Ermutigung durch alle von ihnen zu Rate gezogenen Sachverständigen gefolgt waren und den Amerikaner beauftragt hatten, begann es im Ulmer Volk zu rumoren – ziemlich spät zwar, aber noch nicht zu spät. Der Verein »Alt-Ulm« nutzte die letzte Frist, um ein im Land Baden-Württemberg verbrieftes Recht wahrzunehmen. Er sammelte Unterschriften und erzwang damit einen Volksentscheid über den Bau des Stadthauses.

Danach begann ein Jahr der anstrengendsten Öffentlichkeitsarbeit, gepaart mit vehementen Auseinandersetzungen. Die Bürger wurden auf vielen Veranstaltungen informiert, Vorurteile wurden korrigiert, das Museum zeigte Entwürfe und Modelle des Wettbewerbs in einer Ausstellung, der Architekt selber trat auf, erläuterte seinen Entwurf und warb um Vertrauen. Doch wie groß die Furcht der Bürger tatsächlich war, von dem gewohnten, wenngleich ganz und gar nicht schönen Bild des Münsterplatzes Abschied nehmen zu müssen, zeigte sich dann am Ergebnis des Bürgerentscheids. 19 826 Bürger lehnten den Bau des Stadthauses ab – nur 1701 Stimmen mehr hätten das Projekt zu Fall gebracht. Doch damit war der Weg nun frei, Richard Meiers Stadthaus konnte gebaut werden.

Was immer dazu geführt hatte, ihn, ausgerechnet ihn und nach Hans Holleins Absage als den einzigen ausländischen Architekten in diese ziemlich deutsche Konkurrenz einzuladen: Es war ein ersprießlicher Einfall. Im Englischen würde man ihn vermutlich »sophisticated« nennen, was ja sowohl spitzfindig und durchtrieben als auch elegant bedeutet. Bald war aber auch klar, daß es nicht bloß ein Lippenbekenntnis ist, wenn Meier darauf hinweist, daß er seine Gebäude nicht nur nach den Erfordernissen ihrer Aufgabe, nicht nur funktional korrekt entwickele, sondern sie auch auf die Umgebung beziehe, auf den besonderen Ort. Und tatsächlich findet man in seinem Œuvre keineswegs nur luxuriöse freistehende Villen, obwohl er sich zuerst damit einen Namen gemacht hat, auch nicht nur Museen, obwohl er sie am liebsten von allem entwirft, nicht nur Verwaltungsgebäude und Banken, obwohl derlei Bauherren von seinem Ruf zu zehren lieben, sondern auch Gebäude, in deren Nachbarschaft das Wörtchen »sozial« blüht. »Soziales« aber verlangt nach Sparsamkeit, nach intelligenter Einfachheit, nach verschwenderischer Denkarbeit, um für sehr wenig Geld sehr gut zu bauen, aber eben zugleich auch so, daß sich das Gebaute in die Umgebung fügt, sie weder mit grellem Glanz erschlägt noch sich ihr grau verschleiert anbiedert.

Merkwürdigerweise war das erste Meiersche Bauwerk, dem ich begegnet bin, sein unbekanntestes, dennoch eines der sympathischsten: Westbeth Artists' Housing am westlichen Rand von Greenwich Village in New York, entstanden 1967–70. Meier hat dort, unterstützt vom Kaplan Fond und dem National Council on the Arts, einen zehnstöckigen Fabrikkomplex in einen großen Wohnblock für 1200 Künstler aller Sparten umgebaut: mit 383 Wohnungen, Ateliers, einem kleinen Theater und einer Kunstgalerie. Das mit Höfen gegliederte Gebäude hatte nach dem Auszug der Bell Laboratories nach New Jersey leer gestanden. Nun regte es zu einer stadtfreundlichen Mode an: der Umwandlung von Gewerbeetagen in Wohnungen. Die – weiße – Architektur, deren Bild hier von vielen halbrunden Fluchtbalkonen gezeichnet ist, war einfach, praktisch, innen wie außen erstaunlich einfallsreich. Man spürte eine soziale Phantasie.

Davon zu sprechen gab es dann bald auch in der Bronx Anlaß, wo Richard Meier 1969–74 im Auftrag einer gemeinnützigen Wohnungsbaugesellschaft mitten in einem heruntergekommenen Sanierungsgebiet vier kompakte, die alte Stadtstruktur wahrende Wohnblocks errichtete: Twin Parks Northeast Housing. Bald verlangte auch sein Bronx Development Center Aufmerksamkeit, ein städtebaulich geschickt gegliederter, ausdrücklich introvertiert angelegter Komplex für 750 geistig behinderte Kinder, der einen sehr eigenwilligen architektonischen Kontrast zu der ramponierten Umgebung mit alten Industriebauten bildete. Etwa zur selben Zeit war auch sein Monroe Development Center in Rochester entstanden, eine große, aus 21 einstöckigen, quadratischen Häusern gebildete, über Flure untereinander verbundene Gruppe von Behindertenwohnungen: eine gescheite, sehr menschenfreundliche Komposition.

Das, allerdings, sind nicht die strahlenden Entwürfe, die Richard Meier bekanntgemacht haben. Das schafften vor allem die weißen luxuriösen Villen, die er in betörend reizvollen Landschaften hat errichten dürfen, die Häuser Smith, Hoffman, Saltzman, Douglas und Shamberg sowie die Villa in Old Westbury, alle zwischen 1965 und 1974 entstanden, lauter hochdramatische Raumaffären, innen wie außen, allesamt leuchtend weiß in ihrer grünen Umgebung unter einem Himmel, den man sich selbstverständlich immer blau vorzustellen hat.

Sie lassen die Handschrift erkennen, die bald das ganze Werk dieses Architekten bestimmte und nun auch beim Ulmer Stadthaus den Ausruf provoziert: unverkennbar Meier! Wer es bei einem flüchtigen Blick beläßt, denkt zugleich: der gleiche Meier! Doch darunter haben schon die Klassizisten gelitten, weil sie alle derselben architektonischen Ordnung gefolgt waren und das gleiche Stilvokabular benutzt hatten. Wieso also nicht auch Richard Meier – nur mit dem Unterschied, daß er zu seiner eigenen »Klassik« gefunden hat, einer einmal für richtig und vielseitig erkannten, beharrlich variierten Ausdrucksweise, und daß er sich beständig daran hält: an die gerade und die Wellenlinie, ans Quadrat und an den Kreis, an geometrische, in die dritte Dimension transponierte Elemente. Man bemerkt eine sich selbst vertrauende Lust, damit umzugehen, zu spielen, Räume zu bilden – und auch eine selbstbewußte Lust zum Dialog mit der Umgebung, zum Kontrast, zu spannungsreichen Verhältnissen. Der Architekt hat einmal gesagt, daß es ihm niemals darum gehe, einem bestimmten Ort zuliebe irgendetwas nachzuahmen, er will auch keine Konkurrenz, vielmehr

13–18. Wettbewerb zur Neugestaltung des Münsterplatzes von 1986. 13 Richard Meier (1. Preis), 14 Gottfried Böhm (2. Preis), 15 Alexander Freiherr von Branca (3. Preis), 16 Heinz Mohl, 17 Hans Dieter Schaal mit Rolf R. M. Borchard, 18 Joachim und Margot Schürmann. (Stadtarchiv Ulm.)

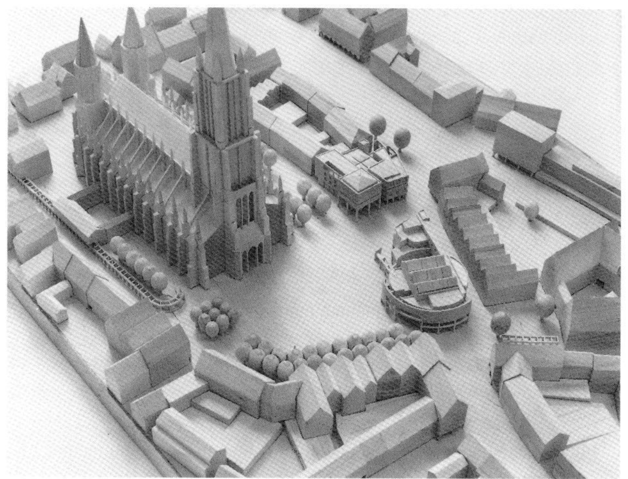

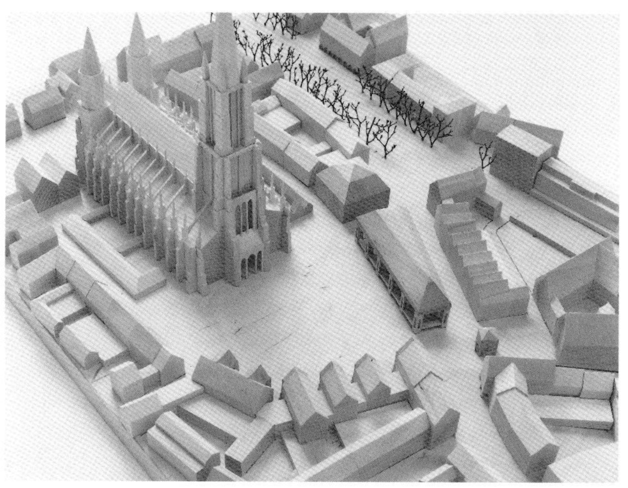

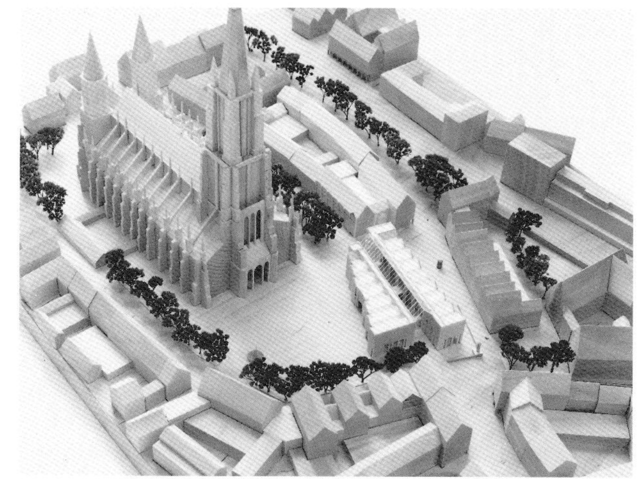

13–18. 1986 competition for remodelling Münsterplatz. 13 Richard Meier (1st prize), 14 Gottfried Böhm (2nd prize), 15 Alexander Freiherr von Branca (3rd prize), 16 Heinz Mohl, 17 Hans Dieter Schaal with Rolf R. M. Borchard, 18 Joachim and Margot Schürmann. (Stadtarchiv Ulm.)

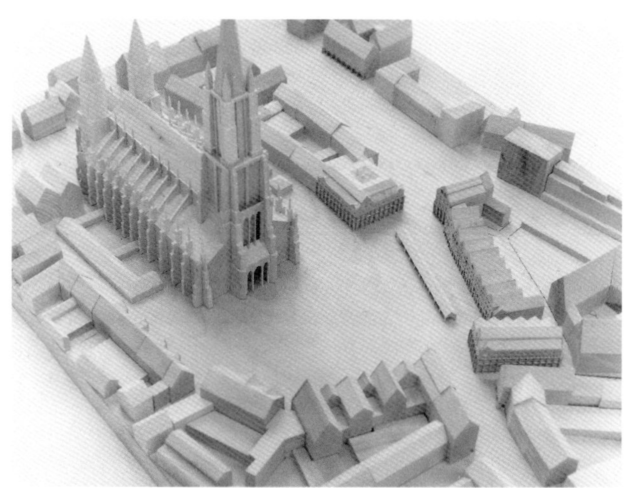

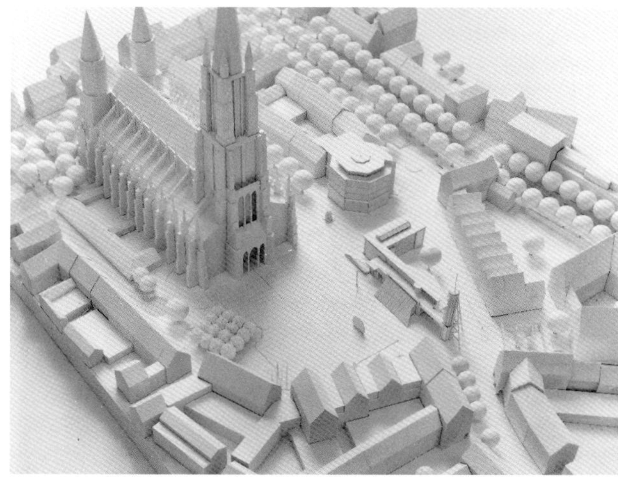

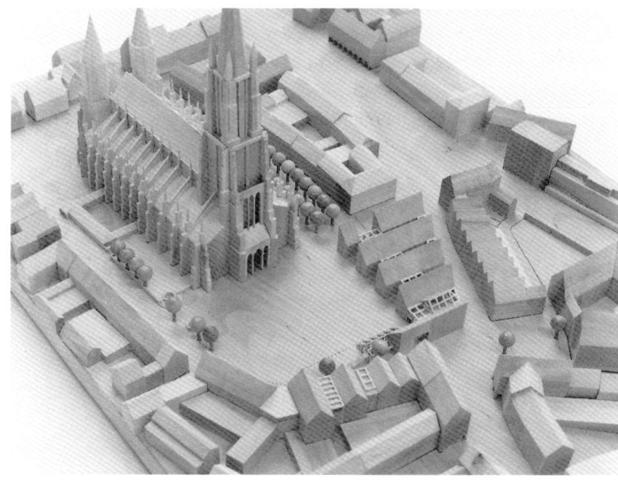

Many meetings were arranged to provide information for the people of Ulm, prejudices were corrected, the museum showed designs and models of the competition design in an exhibition, the architect made personal appearances, explained his design and appealed for trust. But the result of the referendum showed how much the people really were afraid of having to say goodbye to the accustomed appearance of Münsterplatz – even though it was not at all attractive. 19 826 people voted against the Stadthaus – 1701 more votes would have meant that the project was rejected. But this meant that the way was now clear and Richard Meier's Stadthaus could be built.

Whatever the motive for inviting Meier of all people, the only foreign architect in this rather German competition after Hans Hollein's refusal: it bore the most wonderful fruit. In English it would probably be called sophisticated, suggesting subtlety as well as elegance. But it was soon clear as well that Meier is not merely paying lip service by pointing out that he did not develop his building only to meet the requirements of its role; it is not just functionally correct, but also relates to its context, to this special place. And it is certainly true that his oeuvre does not consist merely of luxurious detached villas, although this is how he first made his name, and not just of museums, although this is what he most likes to design, and not just offices and banks, although clients of this kind like to feed on his reputation; he is also involved in projects in whose neighbourhood the word »social« can be heard. But »social« things need economy, intelligent simplicity, they have to be built very well for very little money, but in such a way that the building fits in with its surroundings, neither killing them with its harsh brilliance nor currying favour with them by being grey and subdued.

Remarkably enough the first Meier building that I came across was his least-known work, but one of the most appealing: Westbeth Artists' Housing at the western end of Greenwich Village in New York, built 1967–70. Here Meier, with the support of the Kaplan Fond and the National Council on the Arts, converted a ten-storey factory complex into a large residential block for 1200 artists of all kinds, with 383 apartments, studios, a small theatre and an art gallery. The building is structured by courtyards, and had stood empty since the Bell Telephone Company moved to New Jersey. It suggested an approach that is both fashionable and city-friendly: converting lofts and commercial premises into dwellings, especially in Greenwich Village and Soho. The – white – architecture, dominated here by a number of semicircular escape balconies, was simple, practical, and amazingly inventive inside and out. There was a sense of social imagination.

Then there was reason to talk about this in the Bronx, where Richard Meier built in 1969–74 for a non-profit-making building society four compact residential blocks that preserved the old urban structure in the middle of a run-down redevelopment area: Twin Parks Northeast Housing. Soon his Bronx Development Center was attracting attention as well, a complex for 750 mentally handicapped children, skilfully structured in urban-development terms and laid out with expressive introversion, which provided a very individual architectural contrast with the battered old industrial buildings that surrounded it. From about the same period dates his Monroe Development Center in Rochester, a large group of dwellings for the handicapped, made up of 21 single-storey square buildings connected to each other by corridors: a clever, humane and friendly composition.

These, of course, are not the gleaming designs that made Richard Meier's reputation. This derived above all from the white, luxurious villas he has built in captivatingly attractive settings, the Smith, Hoffman, Saltzman, Douglas and Shamberg houses, and the villa in Old Westbury, all completed between 1965 and 1974, all of them highly dramatic spatial affairs, inside and out, and all gleaming white in their green surroundings under a sky that you of course have to imagine in blue.

They show the handwriting that soon began to dominate this architect's work and in the case of the Ulm Stadthaus as well provoked the cry: unmistakably Meier! Anyone who merely glances at it also thinks: same old Meier! But even the Neoclassicists suffered from this, because they all followed the same architectural scheme and all used the same architectural stylistic vocabulary, and so why not Richard Meier as well – only with the difference that he has found a »Classicism« of his own, a way of expression that has been recognized as correct and diverse, and is persistently varied, and he keeps to it consistently: to straight and wavy lines, to squares and circles, to geometrical elements transposed into the third dimension. You can see that he takes a self-confident delight in handling and playing with it, creating spaces – and also a self-confident delight in dialogue with the surroundings, in contrast, in exciting relationships. The architect once said that he would never want to copy something for the sake of a particular place, he does not want competition, but something that could be called dissonant harmony.

The name of Le Corbusier is always being raised in attempts to fathom Meier's architecture. There is no doubt that LC played what is possibly the most important part in the New Yorker's professional existence; but it would be absurd to assert that he is a disciple of Le Corbusier, it just wasn't as simple as that at the beginning of his career. And certainly Le Corbusier is not the only architect that Meier names as influential; he also includes the early Alvar Aalto, Ludwig Mies van der Rohe, of course, and Frank Lloyd Wright. And just as naturally he mentions Bramante, Bernini, Borromini. But it is also to be assumed that he was impressed by people like Gerrit Rietveld and Giuseppe Terragni.

In 1957, immediately after studying at Cornell University in Ithaca, New York, Richard Meier, born in 1934 in Newark, New Jersey, had satisfied his curiosity about Europe, had knocked on Le Corbusier's door in Paris, only to be rejected there as well as a little later at a confrontation of which he took spirited advantage. No, there was no job for him there, and they didn't want an American at that point, whatever that was supposed to mean. The second and more important confrontation took place in 1963, with Le Corbusier's drawings in the Museum of Modern Art in New York. By that time the young man had had his first professional experience in a provincial office in New Jersey, had spent a year with Skidmore, Owings & Merrill, had probably also picked up a thing or two about the Bauhaus in his three years with Marcel Breuer and had also already held an assistant professorship. The exhi-

etwas, das man eine dissonante Harmonie nennen könnte.

Beim Versuch, der Meierschen Architektur auf die Spur zu kommen, wirbelt man immer wieder den Namen Le Corbusiers auf. Gar keine Frage, daß LC im Berufsdasein des New Yorkers die womöglich wichtigste Rolle gespielt hat; aber es wäre absurd, zu behaupten, er sei ein Le Corbusianer, so simpel war es nicht einmal am Anfang seiner Karriere. Es ist ja auch keineswegs nur der Welschschweizer, den Meier unter den Architekten nennt, die ihn beeinflußt haben, sondern auch der frühe Alvar Aalto, natürlich Ludwig Mies van der Rohe und Frank Lloyd Wright. Mit der gleichen Selbstverständlichkeit erwähnt er Bramante, Bernini, Borromini. Man möchte annehmen, daß ihm auch Leute wie Gerrit Rietveld und Giuseppe Terragni imponiert haben.

1957, sofort nach dem Studium an der Cornell University in Ithaca, New York, hatte der 1934 in Newark, New Jersey, geborene Richard Meier jedenfalls seine Europa-Neugier gestillt, hatte bei Le Corbusier in Paris angeklopft, war dort aber ebenso wie bei einer beherzt wahrgenommenen Begegnung wenig später abgewiesen worden. Nein, man hatte keinen Job für ihn, man wollte jetzt auch keinen Amerikaner, was immer das hatte heißen sollen. Die zweite, wichtigere Begegnung fand 1963 mit Le Corbusiers Zeichnungen im Museum of Modern Art in New York statt. Der junge Mann hatte die ersten Berufserfahrungen in einem Provinzbüro in New Jersey gemacht, war ein Jahr bei Skidmore, Owings & Merrill gewesen, hatte in den drei Jahren bei Marcel Breuer wohl auch einen Zipfel vom Bauhaus zu packen bekommen und hatte bereits eine Assistenzprofessur innegehabt. Die Ausstellung gab seinem Leben, wie er sagt, die entscheidende Wende. Es war dasselbe Jahr, in dem er sein eigenes Büro gründete. »Für mich«, notierte er, »war Le Corbusier der größte Architekt des Jahrhunderts.« Aber ja, sagt er auch, jeder Architekt heute sei von dessen Werk beeinflußt. Deshalb sei es ihm unangenehm, »sehr oft als Le Corbusier-Schüler etikettiert« zu werden. Gewiß habe der große Meister einen beträchtlichen Einfluß auf ihn ausgeübt, »aber es gibt ja viele Einflüsse, und sie wechseln fortwährend«. Eigentlich war es die ganze frühe, inzwischen klassisch genannte Moderne der zwanziger und der frühen dreißiger Jahre, die ihn faszinierte. Sie wurde zur Basis seiner ausgeprägten, sehr persönlichen, absolut unverwechselbaren Architektur, die junge Nachahmer eher verwirrt als erleuchtet und leicht zu Platitüden verleitet.

Moden haben ihn erstaunlich kalt gelassen, unter welchen Namen sie auch durch die Gegenwart wallten, ob der in Großbritannien ausgebrütete Brutalismus, ob all die konstruktiven (und konstruktivistischen) Bemühungen unter der Bezeichnung High Tech. Erst recht ließen ihn die Willkür des Dekonstruktivismus und die eklektizistischen Oberflächenspiele der Postmoderne unberührt, lauter Lockerungsübungen, die er nicht brauchte, um der wirtschaftlich korrumpierten, nur noch schematisch gebrauchten, degenerierten Nachkriegsmoderne zu entkommen. Er gehört zu den wenigen, die zu begreifen imstande waren, daß die Moderne in Wahrheit ein unvollendetes Projekt geblieben ist, daß sie zwar verhunzt, aber nicht wirklich ausgeschöpft, daß vor allem ihre geistige, ihre soziale, ihre ans Utopische rührende Botschaft nicht begriffen wurde.

Ein Haus, sagt er, gleiche einem Körper und müsse einen Fuß, einen Körper und einen Kopf haben. Allerdings nimmt er alles das nicht wörtlich, sondern metaphorisch, und seine Metaphern sind niemals Bilder, sondern Abstraktionen, sind reine Architektur. Damit sie aber eine Ordnung habe, erinnert er sich weiter an Alberti, demzufolge die Schönheit der Architektur darin bestehe, daß alle Teile in sich vollkommen zu sein und zusammen ein Ganzes zu ergeben hätten, in dem keines fehlen könne. Genau liest sich der Satz bei Alberti so: »Die Schönheit ist eine Art Übereinstimmung und Zusammenklang der Teile zu einem Ganzen, das nach einer bestimmten Zahl, einer besonderen Beziehung und Anordnung ausgeführt wurde, wie es das Ebenmaß, das heißt das vollkommenste und oberste Naturgesetz, fordert.« Die Materie steuert die Natur bei, die Linie aber bringt der Geist hervor. Bruno Taut hat es in seiner inspirierenden »Architekturlehre« so gesagt: Architektur ist Proportion – aber der Architekt hat auch Zwecken zu dienen, man muß infolgedessen von einem neuen Bauwerk erwarten, »daß es auch ein besseres und schöneres Leben ermöglicht«. Genau darin gibt sich ja ein Spezifikum der Moderne zu erkennen: daß ihre Architekten an die Menschen dachten, für die sie Häuser entwarfen, damals glücklicherweise an einen von der Utopie gewollten »neuen«, einen aufgeklärten, vernünftigen, friedliebenden Menschen. Das war, woran man erinnern muß, eine Hoffnung, die der Erste Weltkrieg, der erste europäische Vernichtungskrieg hervorgebracht hatte.

Ohne formalen Ehrgeiz jedoch gäbe es keinen Architekten Richard Meier. Der Kunsthistoriker Hanno-Walter Kruft erkannte in seinen Arbeiten einen »ästhetisierenden Funktionalismus«. Meiers Credo ist in diesem einen Satz versammelt: »Grundsätzlich kreisen meine Gedanken immer wieder um **Raum, Form** und **Licht** – und deren Gestaltung. Was ich erstrebe, ist Präsenz, nicht Illusion.« Wer je ein Gebäude von Richard Meier betreten hat, erinnert sich der Virtuosität der Raumkomposition, des rhythmischen Raffinements, mit dem Räume horizontal und vertikal ineinandergleiten, miteinander verschränkt sind – und der architektonischen Mittel, die der Architekt dafür gebraucht: voluminöse, raumgreifende, schwingende Treppen, die vor allem außen als Garten- oder Fluchttreppen (und -rutschen) wie Skulpturen wirken; lange, sacht ansteigende, sich gelassen windende Rampen; ein- und mehrstöckige Arkaden, Brücken und Stege, die Hang und Haus oder Haus mit Haus am liebsten über der Erde miteinander verbinden; Dachterrassen, die manchmal wie vom Bug eines Schiffes aus den Blick auf die Stadt (wie vom Atheneum auf New Harmony) eröffnen oder auf Stadt und Münster (wie vom Stadthaus in Ulm).

Hinter alledem steckt immer der Gedanke an das Licht und die Kunst, es räumlich zu formulieren, und an die Schatten, die es wirft und auf Wand und Boden zeichnet, überhaupt an den raumbildenden Effekt des Lichtes, seinen atmosphärischen Witz. Viele Gebäude, vor allem die wunderbaren Museen, die Meier entworfen hat, sind inszeniertes Licht, so wie auch in Ulm.

Wie alle formbewußten, auf Form geradezu erpichten Architekten hat auch Richard Meier sein Lieblingsvokabular und seine Lieblingssyntax. Die Vokabeln haben wir schon erwähnt. Es sind die gerade und die wellenförmige, die kreisrunde und die parabolische Linie. Es sind Kubus, Kreis und Dreieck. Es sind ausge-

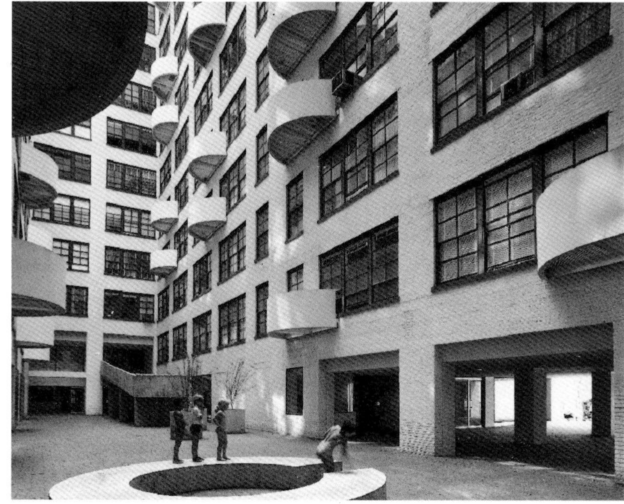

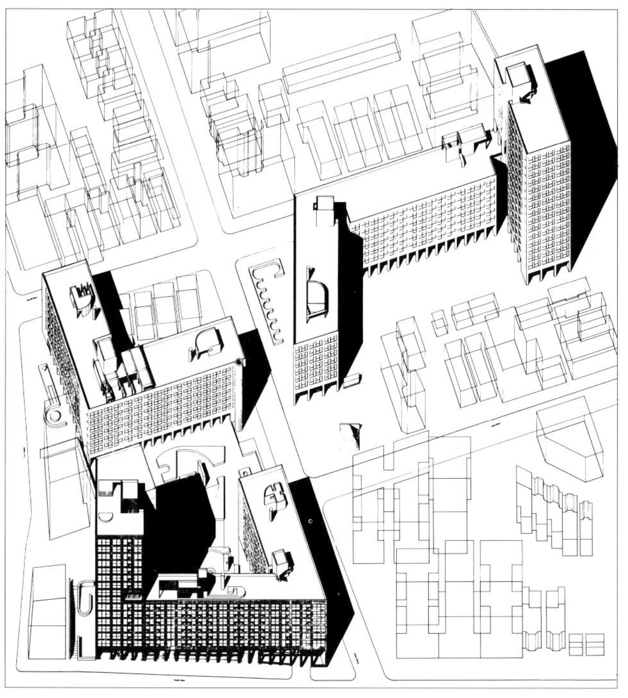

19. Richard Meier, Westbeth Artists' Housing, New York, New York, 1967–70. (Photo: Esto.)
20. Richard Meier, Twin Parks Northeast Housing, The Bronx, New York, New York, 1969–74.

21. Richard Meier, Monroe Development Center, Rochester, New York, 1969–74. (Photo: Esto.)

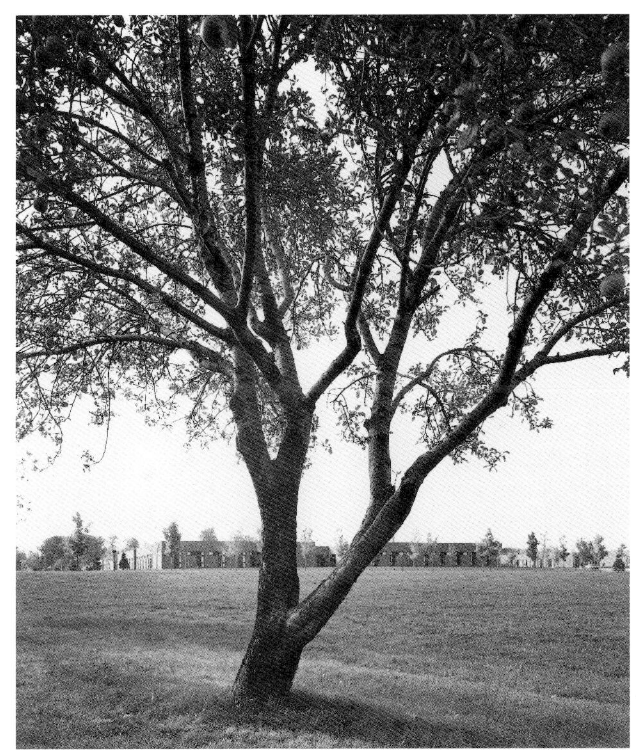

bition was, he said, the crucial turning-point in his life. It was the same year that he founded his own office. »For me«, he noted, »Le Corbusier was the greatest architect of the century.« But yes, he also said, every architect today is influenced by his work. And so, he went on, it was unpleasant for him »to be frequently labelled as a pupil of Le Corbusier«. Certainly the great master had had a considerable influence on him, he said, »but there are many influences, and they are constantly changing«. Actually it was the whole of what is now called classical Modernism, the work of the twenties and early thirties, that fascinated him. It became the basis of his distinctive, very personal, absolutely unmistakable architecture, which is therefore more likely to confuse than enlighten young imitators, and easily lures them into platitudes.

Fashions have left him astonishingly cold, in whatever form they boiled through the contemporary scene, whether it was the Brutalism concocted in Great Britain, or all the constructive (or constructivist) efforts made in the name of High Tech. He was utterly and completely unmoved by the arbitrariness of Deconstructivism and the eclecticist surface games of Post-Modernism, all nothing but limbering-up exercises that he did not need in order to escape from economically corrupt, degenerate post-war Modernism, which was now used only schematically . I Ie is one of the few who were capable of understanding that true Modernism in fact remained an uncompleted project, that it had been messed up, not really exhausted, and that above all its intellectual and social message, touching on the utopian, had not been understood.

A building, he said, is like a body, and has to have a foot, a body and a head. Of course he doesn't take all that literally, but metaphorically, and his metaphors are never images, but abstractions, they are pure architecture. But to give them order he likes to remember Alberti, who said that the beauty of architecture lies in all its parts being perfect in themselves and that together they had to produce a whole from which none of them could be removed. Alberti's original sentence reads like this: »Beauty is a kind of agreement and accord of the parts to make a whole, that was executed according to a particular number, a particular relationship and arrangement, as demanded by harmony, that is to say the most perfect and supreme law of nature.« Nature contributes the material, but the mind produces the line. Bruno Taut put it like this in his inspiring »Architekturlehre«: Architecture is proportion, but the architect also has purposes to serve, and so consequently one has to expect from a building »that it also makes a better and more beautiful life possible«. It is precisely in this that a specific feature of Modernism can be recognized: that its architects were thinking of the people for whom they were designing houses, then fortunately of a »new« man desired by utopia, an enlightened, reasonable, peace-loving being. That was, it should be remembered, a hope produced by the First World War, the first war of European destruction.

But there would not be an architect called Richard Meier without formal ambition. Art historian Hanno-Walter Kruft identified an »aestheticizing formalism« in his work. His credo is distilled in this one sentence: »Fundamentally my ideas constantly circle around **space**, **form** and **light** – and the way in which they are handled. What I am striving for is presence, not illusion.« Anyone who has ever entered a building by Richard Meier will remember the virtuosity of the spatial composition, the rhythmic refinement with which spaces glide into each other vertically and horizontally, which are mutually interdependent – and the architectural devices that the architect uses to this end. There are voluminous, extensive, soaring stairs that seem like sculptures, particularly when they are outside, as garden steps or fire escapes; long, gently climbing, casually winding ramps; there are arcades with one or more storeys, bridges and walkways joining slope and building or building and building, preferably above ground level; there are roof terraces that often open up a view of the town as if from the bow of a ship (like the view of New Harmony from the Atheneum) or of city and cathedral (as from the Stadthaus in Ulm).

Behind all this there is always the idea of light and the art of handling it spatially, and the shadows that it casts on wall and floor, and above all the way in which light can create space, its atmospheric wit. Many buildings, particularly the wonderful and opulent museums that Meier has designed, are also staged light, and this is the case in Ulm as well.

Like all architects who are aware ot, indeed keen on, form, Richard Meier has his favourite vocabulary and his favourite syntax. We have already mentioned the individual items of vocabulary. There are straight and wavy, circular and parabolic lines. There are cubes, circles and triangles. There are cleverly devised geometrical displacements transposed into spatial terms, stimulated by the immediate surroundings, in the case of the Museum für Kunsthandwerk in Frankfurt am Main, for example, by the river and the bend that it describes there. There are soaring outdoor staircases, free-standing chimneys, wall slabs hung or placed in front of other things, some straight, some curved.

The characteristic feature of his syntax is his tendency to enrich a »main clause« in its effect with a »subordinate clause«, usually forming a spatial figure in which a U can be discerned. In concrete terms this means that a spatial programme is not accommodated in one building but in two, in a main and a side building that are connected and thus show that they belong to each other, are in fact one. The latest example of this is the Stadthaus in Ulm, older ones are his design for converting and extending the Villa Strozzi in Florence into a museum of modern art, and the Forum commissioned from him by Siegfried Weishaupt, the art-loving manufacturer of boilers and burners in the little town of Schwendi in Upper Swabia. This spatial figure lies hidden inside the Atheneum and in the Saltzman and Maidman Houses, and in the villa in Westbury.

There is also a preference for cylindrical shapes. This means that the most attractive, and thus naturally dominant, component of complex buildings has for years been a circular building that is in fact never completely circular, but only shaped by rounded elements in such a way that it seems to have a circular floor plan. Meier knows of course that in architecture in particular, completely geometrical figures to which the intellect blindly delivers itself run a great risk of becoming boring. Their trivial beauty is quick to become hackneyed. And so it is almost self-evident that the aesthetic wit of Meier's round buildings lies in the gaps, in their fragmentary geometry – quite apart from the demands made by the ground plan, which are probably more easily met. These architectural figures

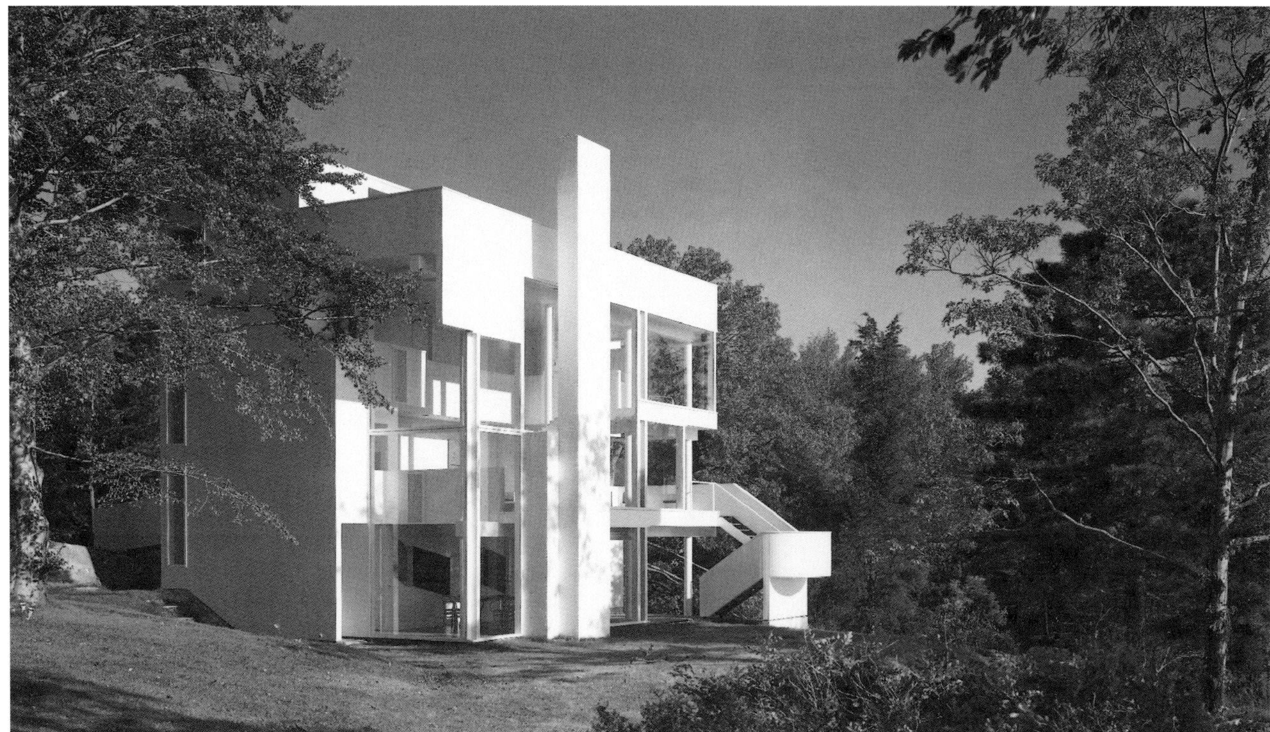

22. Richard Meier, Smith House, Darien, Connecticut, 1965–67. (Photo: Esto.)

klügelte, ins Räumliche transponierte geometrische Verschiebungen, die wie beim Museum für Kunsthandwerk in Frankfurt am Main von der Umgebung, hier vom Fluß und dem Bogen, den er an dieser Stelle beschreibt, angeregt wurden. Es sind ausschwingende Freitreppen, freistehende Schornsteine, vorgehängte oder vorgestellte Wandscheiben, gerade oder gekrümmte.

Das Charakteristikum seiner Syntax wiederum ist der Hang, einen »Hauptsatz« in seiner Wirkung mit einem »Nebensatz« zu bereichern, und meistens bilden beide eine Raumfigur, in der man ein U erkennen kann. Konkret bedeutet es, daß ein Raumprogramm nicht in einem Gebäude untergebracht wird, sondern in zweien, in einem Haupt- und einem Nebengebäude, die beide miteinander verbunden sind und damit also zeigen, daß sie zueinander gehören, eigentlich eines sind. Sein jüngstes Beispiel dafür ist das Stadthaus in Ulm, zu den älteren gehören sein Entwurf für den Um- und Ausbau der florentinischen Villa Strozzi zu einem Museum für moderne Kunst, auch das Forum, das sich Siegfried Weishaupt, der kunstsinnige Fabrikant von Heizkesseln und -brennern im oberschwäbischen Städtchen Schwendi von ihm hat entwerfen lassen. Diese Raumfigur ist im Atheneum ebenso wie in den Häusern Saltzman und Maidman sowie der Villa in Old Westbury verborgen.

Hinzu kommt die Vorliebe für die Form des Zylinders. So geschieht es, daß der attraktivste, damit selbstverständlich dominierende Bestandteil solcher komplexen Gebäude seit Jahren schon ein Rundbau ist, der indessen nie vollständig rund ist, sondern nur durch Rundungen so geprägt wird, daß er einen kreisförmigen Grundriß zu bilden scheint. Meier weiß natürlich, daß vollkommene geometrische Figuren vor allem in der Architektur schnell von Langeweile bedroht sind. Ihre triviale Schönheit nutzt sich bald ab, und so versteht es sich fast von selbst, daß der ästhetische Reiz der Meierschen Rundbauten in ihrer Lückenhaftigkeit zu finden ist, in ihrer fragmentarischen Geometrie – einmal abgesehen von den Ansprüchen des Grundrisses, dem damit womöglich leichter zu dienen ist. Man begegnet diesen immer ein wenig höhere Erwartungen weckenden Baufiguren oft: In der Bayerischen Hypotheken- und Wechselbank in Luxemburg ist sie das Eingangsgebäude; im Forschungszentrum von Daimler-Benz auf dem Universitätscampus in Ulm beherbergt sie das Restaurant; im Weishaupt-Forum in Schwendi enthält sie Speise- und Schulungsräume; im High Museum in Atlanta ist sie, als Viertelkreis von zwei Dreiecksschenkeln eingefaßt, die haushohe, von Rampen und Balkons umringte, mit Glas gedeckte Haupthalle. Im Ulmer Stadthaus endlich umschließt der fragmentarische Zylinder einen ebenso fragmentarischen Kubus, der die opulente Treppenhalle, den Vortragssaal und darüber Ausstellungsräume aufnimmt.

Alles das korrespondiert auf wunderbare Weise mit einer anderen, aus der anspruchsvollen Form sich geradezu aufdrängenden Vorliebe für einfache Materialien wie Stahlbeton, Putz, lackiertes Blech, hellgrauer Granit, Glas und Holz – und für die Farbe Weiß.

Weiß ist die Farbe von Richard Meier. In seiner Dankadresse für den Pritzker-Architekturpreis, der ihm 1984 als sechstem und (nach Philip Johnson, Luis Barragán, James Stirling, Kevin Roche und Ieoh Ming Pei) als Jüngstem verliehen wurde, hat er erklärt, was es damit auf sich hat. Die Frage seiner Kinder Joseph (damals vierdreiviertel Jahre alt) und Ana (damals drei) nach seiner Lieblingsfarbe beantwortend, sagte er: Sie sei zwar nicht im Regenbogen enthalten, dafür könne man alle seine Farben in ihr erkennen. Weiß bilde einen unübertrefflichen Kontrast zum Grün des Grases und der Bäume (Lieblingsfarbe des Sohnes) sowie zum Blau des Himmels und des Meeres (Lieblingsfarbe der Tochter). Auf Weiß zeichneten sich wie auf keiner anderen Farbe Licht und Schatten ab, Hell und Dunkel, unerbittlich, deshalb verlange Weiß äußerste architektonische Disziplin und handwerkliche Präzision: »Weiß verzeiht nichts.« Doch dafür belohne es alle Anstrengungen mit klarer Raumwirkung, mit Körperlichkeit, weshalb sie doch auch bei den frühen Modernen so beliebt gewesen sei.

that always awaken slightly higher expectations crop up a great deal: in the Bayrische Hypotheken- und Wechselbank in Luxemburg it is the entrance building; in the Daimler-Benz research center on the university campus in Ulm such a form houses the restaurant; in the Weishaupt Forum in Schwendi near Ulm it contains catering and training areas; in the High Museum in Atlanta it is the glazed main hall, as tall as the building, a quarter-circle surrounded by ramps and balconies and framed by two sides of a triangle. Finally in the Stadthaus in Ulm the fragmentary cylinder encloses an equally fragmentary cube in which are the opulent staircase and the auditorium, with exhibition rooms above.

All this corresponds in a wonderful way with another preference that arises and indeed almost thrusts itself forward as a result of the ambitious form: a preference for simple materials, like reinforced concrete, plaster, lacquered sheet metal, light-grey granite, glass and wood – and for the colour white.

White is Richard Meier's colour. In his address of thanks for the Pritzker Prize, which he was awarded in 1984, the sixth architect to be so honoured (after Philip Johnson, Luis Barragán, James Stirling, Kevin Roche and Ieoh Ming Pei), and the youngest, he explained what this was about. Answering a question from his children Joseph (then four and three quarters) and Ana (then three) about his favourite colour he said that it wasn't in the rainbow, but all the colours of the rainbow could be found in it. He said that white forms an unsurpassable contrast with the green of the grass and the trees (his son's favourite colour) and the blue of the sky and the sea (his daughter's favourite colour). Light and shade, bright and dark, show clearly on white as they do on no other colour, unrelentingly, and for this reason white requires extreme architectural discipline and precise craftsmanship: »White forgives nothing.« But in return it rewards every effort with clear spatial effects, with corporeality, which is why it was so popular with the early Moderns.

Let us say, it was popular with those who fit under the headings of Bauhaus and De Stijl. Other Modern architects like Bruno Taut – and his friend, the poet Paul Scheerbart – swore by real, usually strong colours and sometimes even made them a fundamental component of their architecture. But the last sentence in Taut's »Aufruf zum farbigen Bauen« (Call for colourful building) of 1919 reads like this: »Let us see blue, red, yellow, green, black, **white** buildings in unbroken glowing shades, instead of dirty grey buildings.« And incidentally all of them signed it, including Gropius, including the Luckhardt brothers, including Scharoun.

White is certainly demanding. White is also like a beacon of self-assertion, it requires spirited awareness of form if it is to be justified, virtuosity and elegance – all demands that Richard Meier seems to satisfy with apparent delight. And so white is something like a trump card he plays with pleasure and with soaring spirits - and now he has played it in Ulm as well, for this was how he won the Stadthaus competition: he was the least inhibited of the ten architects in the competition, an American among Germans, an outsider, the one who remained most faithful to himself of all of them. He was once also the most consistent of the »New York Five«, who in the mid seventies, in contrast with the »Greys« (who inclined towards Post-Modernism, like Graves, Gwathmey and Hejduk) were called the »Whites« (because they were radical supporters of classical Modernism). Eisenman, the fifth, became increasingly entangled in geometrical abstractions, and only Meier stayed the same. When the Ulm

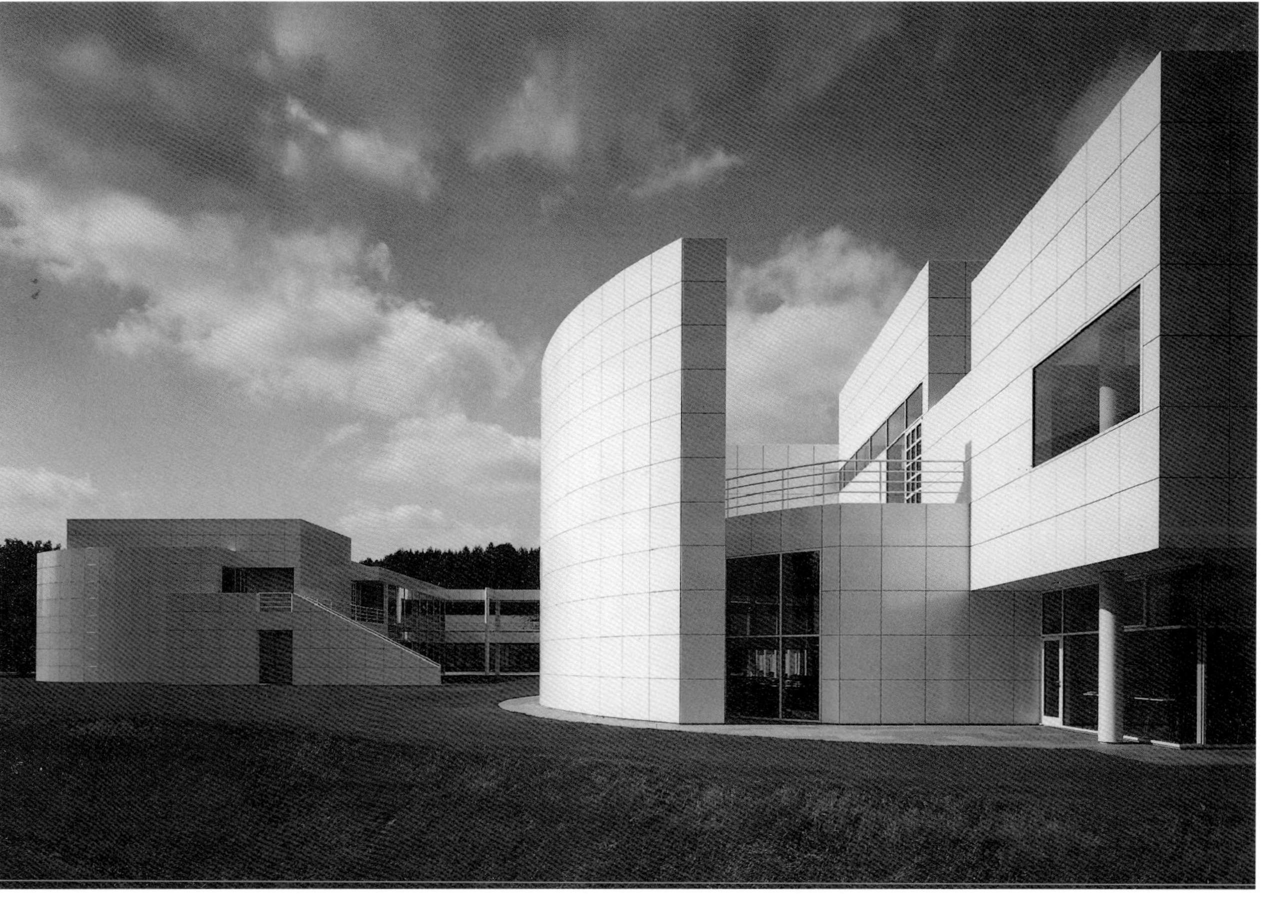

23. Richard Meier, Weishaupt Forum, Schwendi, 1987 to 1992.

Sagen wir, sie war es bei denen, die sich unter den Rubren Bauhaus und De Stijl versammeln lassen. Andere Architekten der Moderne wie Bruno Taut – und sein Freund, der Dichter Paul Scheerbart – schworen auf die wirklichen, meist starken Farben und machten sie bisweilen sogar zum Wesensbestandteil ihrer Architektur. Aber der letzte Satz in Tauts »Aufruf zum farbigen Bauen« von 1919 lautet so: »An Stelle des schmutzig-grauen Hauses trete endlich wieder das blaue, rote, gelbe, grüne, schwarze, **weiße** Haus in ungebrochen leuchtender Tönung.« Alle haben das übrigens unterschrieben, auch Gropius, auch die Brüder Luckhardt, auch Scharoun.

Weiß, jedenfalls, ist anspruchsvoll. Weiß wirkt auch wie ein Fanal der Selbstbehauptung, es setzt zu seiner Rechtfertigung ein temperamentvolles Formbewußtsein voraus, Virtuosität und Eleganz – lauter Erfordernisse, denen Richard Meier mit offenbarer Lust zu genügen scheint. Weiß ist deshalb auch so etwas wie die Trumpfkarte, die er gern und hochgemut ausspielt – nun also auch in Ulm, denn er hat im Wettbewerb um das Stadthaus damit die Palme errungen: Er, der Unbefangenste unter den zehn konkurrierenden Architekten, der Amerikaner unter den Deutschen, der Außenseiter, derjenige, der sich von allen am konsequentesten treu geblieben ist. Er war einst ja auch der konsequenteste der »New York Five«, die man Mitte der siebziger Jahre im Gegensatz zu den «Greys« (die wie Graves, Gwathmey und Hejduk der Postmoderne zuneigten) die »Whites« nannte (weil sie radikale Anhänger der klassischen Moderne waren). Eisenman, der fünfte, verstrickte sich immer mehr in geometrisch-physikalische Abstraktionen, nur Meier blieb, wie er war. Als sich das Preisgericht in Ulm für ihn entschied, war ihm all dies gegenwärtig. Es empfahl den selbstbewußtesten, den extremsten, einen strahlenden Bau als Nachbarn für das so eifersüchtig verehrte Münster.

Dem damals 52jährigen Richard Meier hatte diese Aufgabe im Zentrum der ehemaligen Reichsstadt an der Donau wohl auch aus einem ganz anderen Grund wohlgetan: als dem Enkel jüdischer Emigranten aus Frankfurt am Main, wo 1985 schon sein Museum für Kunsthandwerk eröffnet worden war, sein im Vergleich mit seinen früheren Kulturbauten in New Harmony (The Atheneum), in Atlanta (High Museum of Art) und in Des Moines (Des Moines Art Center) vielfältigster, erlesenster Museumsbau. In Europa baut er gerade ein neues Museum in Barcelona, das allergrößte, alle Vorstellungen übertreffende, entsteht gerade in Los Angeles als Teil des ausladenden Komplexes des Getty Center.

Die Ulmer Aufgabe war elementar, aber auch ein wenig ungefähr, denn das Programm ließ Deutungen zu. Vom Bauherrn, der Stadt Ulm, war ein Gebäude verlangt worden, in welchem Bürger und Besucher der Stadt sich unterrichten und einfache Dienstleistungen erfahren können (Verkehrs- und Reisebüro, Theaterkasse, Hotelbuchungen, Fahrkarten, Stadtauskünfte), in welchem sie Gelegenheit bekommen sollten, sich zu versammeln (zu Vorträgen, Tagungen und kleinen Kongressen, zu theatralischen, auch musikalischen Vorführungen), wo sie ferner Ausstellungen besichtigen, auch Kaffee trinken und angenehm speisen können. Später fand man für alles dies all die zähen abstrakten Umschreibungen: Information (im Erdgeschoß), Kommunikation (in Saal und Restaurant), Präsentation (im zweiten und dritten Obergeschoß). Der Architekt möchte sein Gebäude lieber als ein Haus der Begegnung verstanden wissen. Darin spiegelt sich die Hoffnung, etwas zur Belebung des abends bisher gespenstisch leeren Platzes mitten in der Stadt beizutragen: distinguierte Anstiftung zur Unruhe. Die Stadtverwaltung dachte nicht zuletzt an viele kulturelle und historische Ausstellungen, die mangelnden Platzes wegen bisher an Ulm vorüberziehen mußten und nun endlich einen Ort erhalten sollten.

Der eigentliche Anlaß aber, dieses Stadthaus zu errichten, war nun einmal die städtebauliche Korrektur des Münsterplatzes, der an seinem südlichen Rand endlich eine würdige, kraftvolle Fassung erhalten sollte. Ähnliches hatte vorher nur die Stadt Paderborn gewagt und einigermaßen glücklich vollbracht, auch gegen die Skepsis der Bürger, die wie in Ulm um die hier vom Krieg geschlagene Weite des Platzes vor der Stiftskirche fürchteten: mit dem Diözesanmuseum Gottfried Böhms. Richard Meier hat diese mit so vielen Niederlagen gepflasterte Aufgabe großartig gelöst, mit einer für den Ort entwickelten komplexen Raumfigur von großer städtebaulicher Kraft. Die zeigt sich vor allem in dem großen Rundbau, der sich um einen kubischen legt (darin in den Obergeschossen Saal und Ausstellung) und in einem daneben plazierten, ausdrücklich kleineren, einem kantigen Bau von eigenwilli-

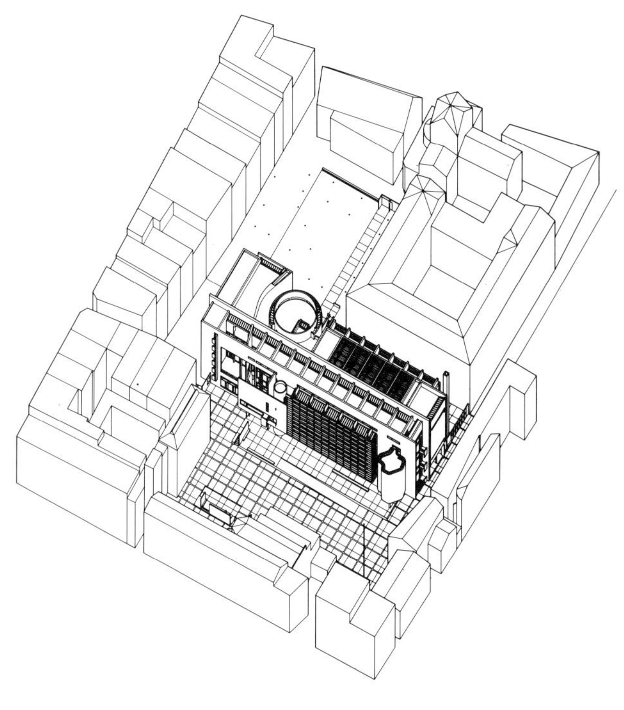

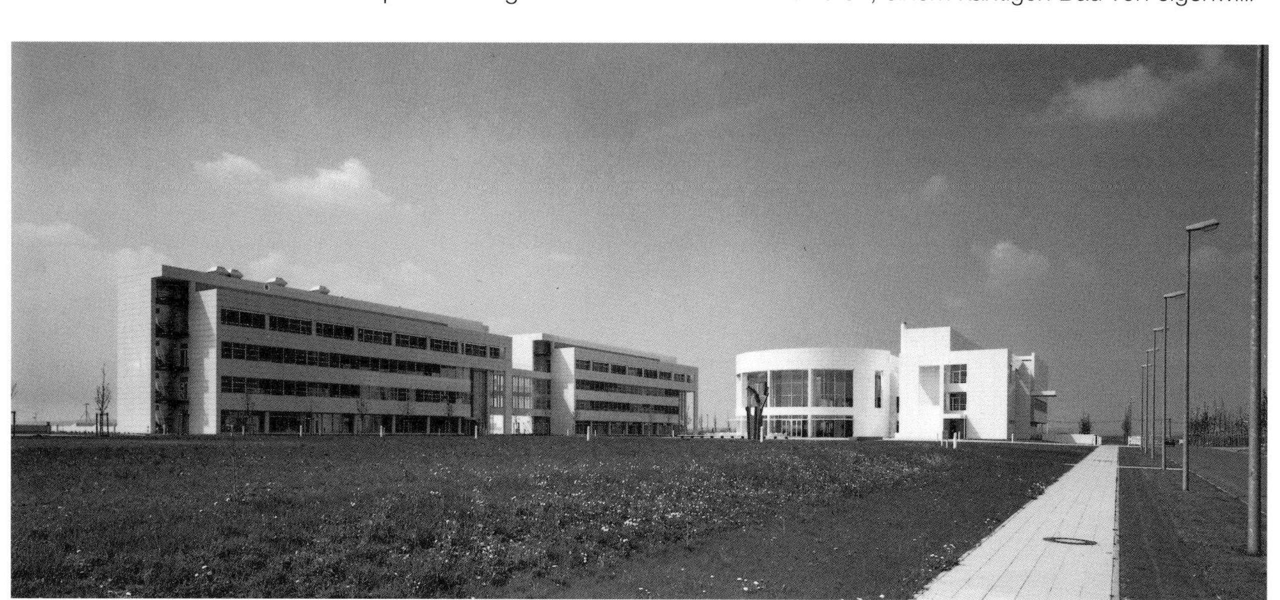

24. Richard Meier, Forschungszentrum der Daimler-Benz AG, Ulm, 1989–93.
25. Richard Meier, Museu d'Art Contemporani, Barcelona, 1987–95.

24. Richard Meier, Daimler-Benz AG research centre, Ulm, 1989–93.
25. Richard Meier, Museu d'Art Contemporani, Barcelona, 1987–95.

26. Richard Meier, The Getty Center, Los Angeles, 1985–97. (Photo: Tom Bonner.)

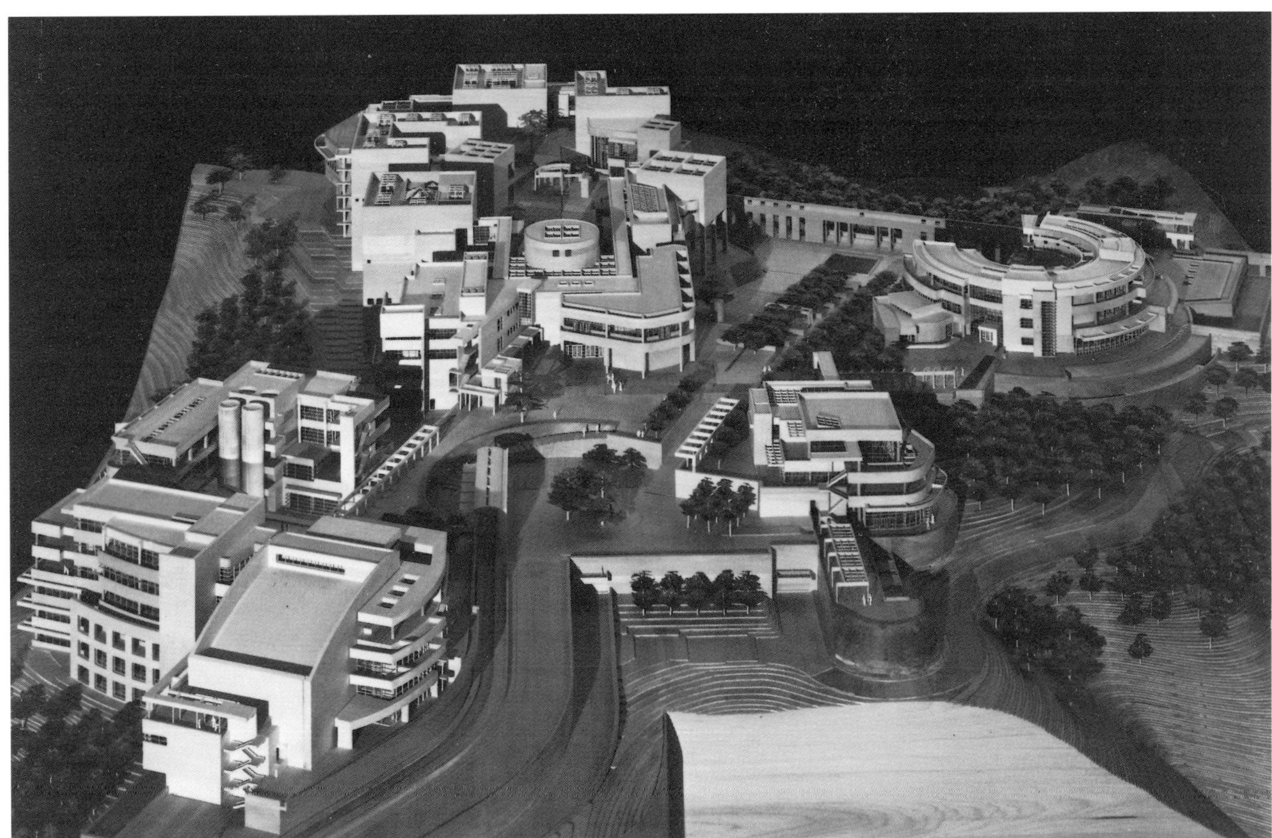

jury chose him it was perfectly well aware of all this. They recommended the most confident, the most extreme building, gleaming and white, as neighbour for the so jealously revered Münster.

This commission in the centre of the former Imperial City on the Danube probably did Richard Meier – fifty-two at the time – good for another reason as well: as the grandson of Jewish emigrants from Frankfurt am Main, where his Museum für Kunsthandwerk had been opened in 1985, his most manifold, most refined museum building in comparison with his earlier cultural buildings in New Harmony (The Atheneum), in Atlanta (High Museum of Art) and in Des Moines (Des Moines Art Center). In Europe he is just building a new one in Barcelona, the biggest of all, going beyond all its predecessors, is part of the enormous complex for the J. Paul Getty Center, which is being built in Los Angeles.

The Ulm commission was elemental, but also approximate to an extent, as the programme left scope for interpretation. The client, the city of Ulm, had asked for a building in which residents and visitors to the city could find information and have access to simple services (public transport and travel facilities, theatre box office, hotel booking, travel tickets, information about the city), in which they could meet (for lectures, conferences and small congresses, and for theatrical and musical performances), where they could see exhibitions, and also drink coffee and eat in pleasant conditions. Later tough abstract circumlocutions were found for all this: information (on the ground floor), communication (in the hall and restaurant), presentation (on the second and third floors). The architect would like his building to be seen as more than a meeting-place. It reflects the hope that it helps to enliven this square in the middle of the town, hitherto so spookily empty in the evenings: a distinguished incitement to commotion. Not the least of the city council's thoughts was the many cultural and historical exhibitions that Ulm used to miss because there was no suitable space for them.

But the real reason for building this Stadthaus was to correct the design of Münsterplatz, which was to be framed in a dignified and powerful fashion at its southern edge. Only the city of Paderborn had dared to do anything like this before, and had carried it off to a certain extent, also in the face of scepticism from its residents, who as in Ulm were afraid of the huge open space created here by the war in the square in front of the Stiftskirche: with Gottfried Böhm's Diözesanmuseum. Richard Meier found a wonderful solution to this problem, which had seen so many failures, with a complex spatial figure, specially developed for the place and of great power in urban-design terms. This can be seen above all in the great round structure surrounding a cubic one (in which are the hall and exhibition areas on the upper floor) and a clearly smaller and angular structure placed next to it, wilful and crooked in shape (housing the restaurant and exhibition rooms). Both parts of the building are connected to each other at first and second floor level by a glazed bridge structure, which is open on the third floor. Between them is an open and yet apparently closed, shall we say contained courtyard-passageway, which deliberately, but with a pleasantly casual air links the square in front of the Münster with the narrow street south of the Stadthaus. But something that is important for the feeling of space it produces are the curves that frame this open courtyard, thus creating calmness, but at the same time simulating a gliding movement, thus marking a path. The fact that the façades are sometimes set forward and sometimes set back also contributes to this ambivalent character, as do the oriels, the terraces, in brief: the walls, which are shaped with such architectural sophistication.

ger, gekrümmter Form (darin das Restaurant und Ausstellungsräume). Beide Baukörper sind im ersten und zweiten Obergeschoß über einen verglasten und darüber offenen Brückenbau miteinander verbunden. Zwischen ihnen breitet sich ein offener, dennoch geschlossen, sagen wir: gefaßt wirkender Durchgangshof aus, der zwar gezielt, aber mit angenehmer Beiläufigkeit den Platz vor dem Münster mit der schmalen Gasse südlich des Stadthauses verknüpft. Wichtig für das Raumgefühl aber, das darin entsteht, sind nun einmal die Krümmungen, die diesen offenen Hof umfassen, also Ruhe erzeugen, die zugleich aber auch eine gleitende Bewegung simulieren, also einen Weg kennzeichnen. Zu diesem ambivalenten Charakter tragen freilich auch die Vor- und Rücksprünge der Fassaden bei, die Erker, die Terrassen, kurzum: die architektonisch so raffiniert durchgebildeten Wände.

Die städtebauliche Inszenierung des Komplexes zeigt sich am eindeutigsten am Rundbau. Er stellt sich der vom Bahnhof hier ankommenden Hauptgeschäftsstraße, der Hirschstraße, in den Weg und teilt ihn. Links werden die Passanten auf den Platz geleitet, wo sich ihnen gleich der grandiose Blick auf den Münsterturm eröffnet, nun jedoch in neuer, dramaturgisch verfeinerter Fassung. Rechts geht die Hirschstraße in die durch das Stadthaus gebildete neue Gasse über und lenkt die Augen auf das alte Rathaus hinten an der immer noch zu breiten, die Stadt zerteilenden Neuen Straße.

Natürlich ist das Stadthaus, ist seine Architektur eine Provokation – so wie der spätgotische Monumentalbau des Münsters umgekehrt eins für den Stadthaus-Architekten war. Doch ebendies ist ja der Inhalt dieses Spiels gewesen, bei dem alle gewinnen sollten, niemand verlieren durfte, das Münster nicht, das Stadthaus nicht und auch nicht der Münsterplatz. Für Richard Meier und alle, die ihm applaudierten, war klar, daß sich die Würde des berühmten und schwärmerisch verehrten alten Bauwerks allein mit architektonischem Selbstbewußtsein achten ließ und daß die spitzgiebelige Trivialität, die die fünfziger und sechziger Jahre dem Platzrand angedeihen ließen, jede Anbiederung verbot. Warum auch sollte das Haus der Bürger seiner Umgebung mit größerer Nachsicht begegnen als die Stadtpfarrkirche der Bürger? Meier war es darum zu tun gewesen, »eine Ordnung zu erkennen und neu zu definieren – und sodann eine Beziehung herzustellen zwischen Bisherigem und Heutigem, unserer Kultur dabei das Zeitlose und Aktuelle abzugewinnen«. Und das ist ihm zweifellos geglückt.

Da ist einmal die städtebauliche Figur, die das Stadthaus bildet, mit dem Haupt- und Nebenbau und dem von beiden so außerordentlich sorgfältig gefaßten Zwischenraum. Diese offensichtlich so und kein bißchen anders erstrebte räumliche Gruppierung scheint dem Architekten enorm wichtig gewesen zu sein: nein, keinen monolithischen Bau, sondern eine Art von Gebäude-Koalition. Er erreichte damit nicht nur eine abwechslungsreiche, beredte, pulsierende Gliederung, sondern einen schwingenden Außenraum.

Zum Gebäude selbst: Sein eigentliches Ereignis, seine verschwenderische Raumvielfalt, deutet sich in den Fassaden nur in erregten Chiffren an, in runden und geraden, oft durchbrochenen Mauern, in ausschwingenden Balkons und Loggien, in Mauerschlitzen und kulissenartigen, wie Rahmen vor die Fassade geschobenen Scheinfassaden, »Schichtungen«, ferner in lauter verschiedenen, immer quadratisch geteilten Fenstern und Fensterwänden, in Wandscheiben, kantigen Erkern, Arkaden und Terrassen. Alles das sieht man von außen, versucht es zu lesen, glaubt auch, die Botschaft, die die Fassade vom Grundriß überbringt, entschlüsseln zu können.

In Wirklichkeit begreift man erst im Innern, was dahintersteckt. Und das ist eine überaus eigenwillige, umeinander und ineinanderfließende, merkwürdig beschwingte, unaufhörlich mit Überraschungen aufwartende Raumkomposition. Sie ist voller kinetischer Sinnenreize, das heißt: Mit jedem Schritt, den man auf- oder abwärts oder ringsherum macht, ändert sich die Perspektive, verschiebt sich das geometrische, merkwürdig melodische Linienspiel, das Raum-Bild. Es wäre schon sonderbar, wenn jemand darin nicht von Raumlust ergriffen würde, einem zugleich erhebenden und belebenden, heiteren Gefühl, sobald er sich dem großartigen Treppenhaus ergibt. Wer will, kann das ganze Stadthaus als einen einzigen, nirgendwo richtig beginnenden, nirgendwo wirklich endenden, fließenden Raum betrachten, einen Räume-Raum. Und tatsächlich gibt es darin nur ganz wenige und wirklich benutzte Türen.

Keine Frage, daß dies ein offenes, mit der Transparenz großzügig spielendes, auch ein lockendes Haus ist, das die Neugier der Augen wachhält. Doch natürlich hat das Stadthaus einen Anfang, es hat einen Haupteingang, und es hat nahezu gleichberechtigte Nebeneingänge, die zu genau umrissenen Zielen führen. Dafür sorgt schon die Philosophie des Architekten, derzufolge ein Gebäude seine Besucher zu empfangen habe, der Eingang infolgedessen geschickt, wenngleich zurückhaltend zu inszenieren sei. Und ebenso, wie er die Gäste seiner Museen nicht in ein rätselhaftes, nur mit graphischen Hilfsmitteln zu entschlüsselndes Gewirr von Räumen laufen läßt, sondern sie, ohne daß sie es merken, an die Hand nimmt, sie der triftigen Ordnung der Räume überläßt, so gibt er ihnen auch im Stadthaus das Gefühl, sich gar nicht verirren zu können, daß es aber im Gegenteil sogar Spaß machen könnte, das Gebäude und seine Vielgestaltigkeit zu entdecken.

Der im runden Hauptgebäude durch alle Geschosse reichende Raum mit den Treppen und den runden, verschiedenen Radien folgenden Galerien und den geraden Gängen ist schon ein Ereignis besonderer Art. Es ist, wenn man die fünfschiffige Basilika des Münsters außer acht läßt, auch der einzige luxuriöse Raum, den die Stadt ihren Bürgern im Zentrum zu bieten hat: neben dem kirchlichen einen eindeutig städtischen Innenraum. Das zweite Ereignis bildet das Licht, woher es auch kommt, wie es auch in Szene gesetzt wird. Und es sind die vielen Blicke durch die zerklüftete Landschaft der Innenräume und die Blicke hinaus in die Straßen, auf den Platz, auf die Stadt. Immer sind es gerahmte Blicke, sei es durch die Fenster, sei es über Balkons und Schlitze, sei es durch die Öffnungen der Scheinfassaden vor den Fassaden, sei es durch das verglaste Dach.

Vor allem fällt der Blick, wo immer man sich in diesem Gebäude auch aufhält, auf das Münster und seinen gewaltigen Turm, der manchmal zum Greifen nahe scheint. Dank dem durchsichtigen Dach ist er im Stadthaus allgegenwärtig: schwer, sich eine intensivere Huldigung als diese vorzustellen. Dieser Blick er-

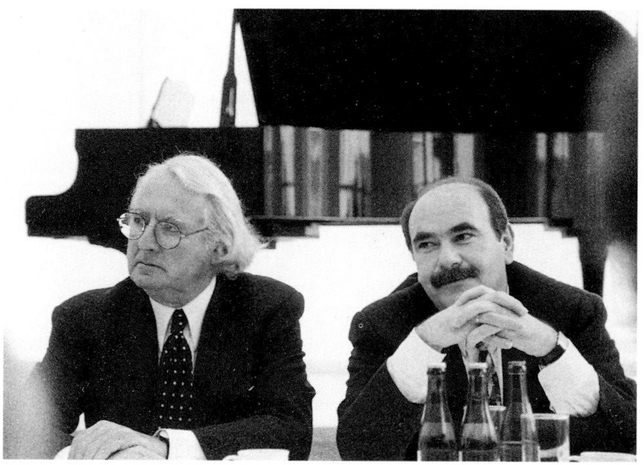

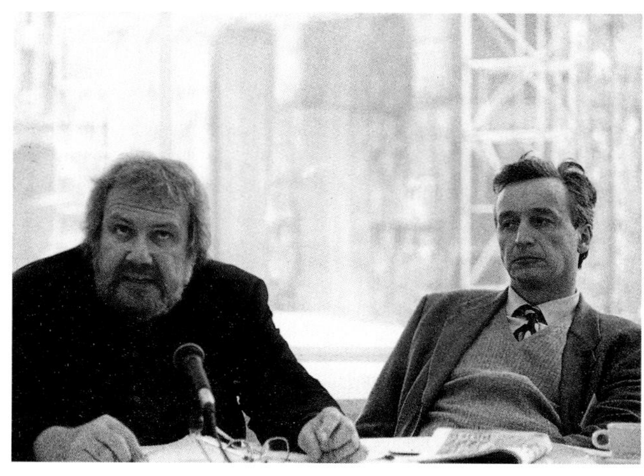

27, 28. Pressekonferenz am Tag der Eröffnung des Stadthauses. 27 Richard Meier und Oberbürgermeister Ivo Gönner, 28 Stadthaus-Intendant Elmar Zorn und Bürgermeister Alexander Wetzig. (Photos: Manfred Sack.)

27, 28. Press conference on the morning of the opening of the Stadthaus. 27 Richard Meier and First Mayor Ivo Gönner, 28 Stadthaus Director Elmar Zorn and Mayor Alexander Wetzig. (Photos: Manfred Sack.)

The urban staging of the complex shows most clearly in the rounded structure. It confronts the main shopping street, Hirschstraße, as it comes up from the station, and divides it. On the left passers-by are led into the square, where they are confronted with the magnificent sight of the Münster spire, though now in a new, dramaturgically refined setting. On the right Hirschstraße leads into the new alley formed by the Stadthaus and directs the eye to the sturdy old town hall behind in Neue Straße, which is still too wide and splits the town in half.

Of course the Stadthaus and its architecture are a provocation - just as the late-Gothic and monumental Münster was for the Stadthaus architect. But precisely this was the point of this game that everyone was intended to win and no one was allowed to lose, not the Münster, not the Stadthaus, and not Münsterplatz either. It was clear to Richard Meier and all his supporters that the dignity of the famous and fanatically revered old building could be acknowledged only by architectural self-confidence and that the pointed-gabled triviality that the fifties and sixties had tolerated around the edges of the square would not attract anyone. And why should the citizens' secular building confront its surroundings more tentatively than the citizens' parish church? Meier had been concerned »to recognize and redefine an order – and then to create a link between past and present, and while doing this to gain the timeless and topical elements of our culture«. And there is no doubt that he succeeded in doing this.

First there is the urban figure cut by the Stadthaus, its main and side sections, and the space between, so extraordinarily carefully framed by both of them. This spatial grouping, quite obviously intended to be like this and no different, seems to have been terribly important to the architect: no, not a monolithic building, but a kind of building coalition. In Ulm he did not achieve merely varied, eloquent, pulsating articulation in this way, he created a soaring exterior space.

And now to the building itself: the element of it that is actually an event, its extravagant spatial diversity, is indicated only in excited figures in the façade, in rounded and straight, often broken walls, in soaring balconies and loggias, in wall-slits and stage-set-like false façades placed in front of the façade as frames, »layerings«, and then in a whole range of different windows and window walls, in wall slabs, angular oriels, arcades and terraces. You can see all this from the outside, try to read it, and you also believe that you can decipher the message that the façade conveys about the ground plan.

But in reality it is only from the inside that you can be clear what is behind it. And that is an entirely individual spatial composition, flowing around itself and into itself, remarkably lively, coming up with ceaseless surprises. It is full of kinetic sensual stimuli. That is to say that with every step you take upwards, or downwards, or round and about, the perspective changes, the play of lines, remarkably melodic, and the spatial image shift. It would be strange for someone to be inside it without being seized by a delight in space, a feeling that is both uplifting and enlivening, a light-hearted feeling, just as soon as they give themselves up to the great staircase. Anyone who wishes can consider the Stadthaus as a whole, as a single flowing space, with no real beginning and no real end, a rooms-space. And indeed there are very few doors that are really used.

There is no question that this is an open building, generously playing with transparency, and also an enticing building, that keeps the curiosity of the eye awake. But of course the Stadthaus does have a start, a main entrance, and side entrances of almost equal status, which lead to goals that are precisely defined. This is taken care of by the architect's philosophy that says that a building should receive its visitors, and therefore that the entrance should be staged skilfully, although at the same time reticently. He does not allow visitors to his museums to walk into a puzzling maze that can be deciphered only by means of graphic aids, but takes them by the hand without their noticing it and leads them into the compelling arrangement of the rooms. In the same way, in the Stadthaus, he gives them the feeling that they could not possibly get lost - it might even be fun to discover the building in all its diversity.

The room that extends through all the storeys in the round main building, with steps and galleries following round, different radii, and straight corridors, is already an event of a particular kind. It is, if one omits the basilica of the Münster with its nave and four aisles, the only luxurious space that the city is able to offer its citizens in the centre: an unambiguously urban interior alongside the ecclesiastical one. The second event is the light, wherever it comes from, and however it is used. And the many glimpses through the craggy landscape of the interior, and the views out into the streets, the squares, the city. They are always framed views, whether they be through balconies and slits, through the openings of the false façades in front of the façades or through the glazed roof.

But wherever you are in this building your eye is drawn to the Münster and its enormous spire, which sometimes seems close enough to touch. Thanks to the transparent roof it is omnipresent in the Stadthaus; it is difficult to imagine a more fervent tribute than this. This view also explains the three glazed saddleback roofs on the cube, looked at by some with mild suspicion and mockery, although this is in fact not the only explanation: it can also be seen as a greeting to the row of buildings next door, with which the Stadthaus expressly tries to hold a dialogue.

Homage to the surroundings continues in the glazed bridge leading to the three-storey annex, where a roof terrace offers new views all around. Basically the Stadthaus consists of an unassertive, loose network of spatial, visual, intellectual links, ultimately based on events: urban design with the aid of architecture. Or: architecture with considerable urban impact. This can be felt all over the building, just as much in the main building as next door in the restaurant, whose furnishings were mercifully not left to the lessee.

No, this architecture, which eschews all figurative metaphors and commits itself entirely to the abstract gestures of geometry, is not obliging. But it becomes obliging the more everyday, the more natural it becomes to spend time in it, the more often one sees it. It is austere, despite all the soaring spatial movement and all the rhetorical effort made by the façades. The grace of its straight and curved lines and bodies of relief, often relating to each other, is anything but »nice«. Amazingly, the materials used for this building are as

klärt auch die von manchen mit leisem Spott bearg-wöhnten drei gläsernen Satteldächer auf dem Kubus, wenngleich tatsächlich nicht allein: Man kann darin auch einen Gruß an die Häuserzeile nebenan sehen, mit der das Stadthaus doch ausdrücklich einen Dialog versucht.

Die Huldigung der Umgebung setzt sich in der verglasten Brücke fort, die ins dreistöckige Nebengebäude führt, wo eine Dachterrasse neue Rundblicke bietet. Im Grunde besteht das Stadthaus aus einem unaufdringlichen, lockeren Geflecht von räumlichen, visuellen, geistigen, schließlich von Ereignissen ausgehenden Beziehungen: Städtebau mit Hilfe von Architektur. Oder: Architektur von großer städtebaulicher Wirkung. Man spürt das hier wie dort, im Hauptgebäude ebenso wie nebenan im Restaurant, dessen Einrichtung gottlob nicht dem Pächter überlassen worden ist.

Nein, gefällig ist diese Architektur, die sich aller figürlichen Metaphern enthält und allein den abstrakten Gebärden der Geometrie vertraut, nicht. Aber sie wird es, je alltäglicher, je selbstverständlicher der Aufenthalt darin wird, je öfter man sie sieht. Sie ist allen schwingenden Raumbewegungen, allen rhetorischen Anstrengungen der Fassaden zum Trotz streng. Die Anmut ihrer geraden und gekurvten, oft aufeinander bezogenen Linien und Körper ist distanziert, kein bißchen verbindlich. Wunderbarerweise ist das Material, aus dem dieses Gebäude gemacht ist, so karg, so einfach wie möglich: Stahlbeton, weiß verputzt, weiß lackiertes Blech, hellgraue Granitplatten, stählerne Treppen- und Galeriegeländer aus dem Schiffs- und Industriebau, viele vorgefertigte Teile, Glasbausteine, Stahltreppen, unten im Erdgeschoß das ins Innere fortgesetzte, ausdrücklich den Zusammenhang mit der Außenwelt bekräftigende Granitpflaster des Münsterplatzes (dessen Muster Richard Meier ebenfalls entworfen hat), oben das schöne, die Augen erwärmende Eichenparkett.

Alles das gibt äußerste Präzision zu erkennen. Sie zeigt sich in jeder Fuge, in jeder Sprosse. Beinahe erübrigt es sich, von der Qualität der gestalteten Details zu sprechen. Es gibt keinerlei ästhetische Zwischenfälle, nichts was einen Bauleiter als Improvisator verlangt oder geduldet hätte. Ein dermaßen diszipliniertes, den Zufall ausschließendes Interieur erfordert selbstverständlich auch einen disziplinierten Gebrauch. Schwer, sich in den Räumen Richard Meiers Menschen vorzustellen, die sich schlecht benehmen. Selbst in den blitzblanken Villen, obwohl Rückzugsgehäuse von äußerster Privatheit, dürfte es schwerfallen, sich gehen zu lassen, sich zu lümmeln, die weißen Wände nach Lust und Laune mit Bildern zu bepflastern, mit Büchern zu überfüllen, etwas herumliegen zu lassen, ach: schon beim Eintreten zu vergessen, sich die Füße abzutreten oder sich die Hände zu waschen. Gemütlich, könnte der Architekt mit Adolf Loos gedacht haben, muß schon jeder selber sein, nicht die Architektur. Aber vermutlich kommt ein Liederjan, kommen Bilder- und Büchernarren, kommen kauzige Geistesmenschen ohne eine Spur von repräsentativen Bedürfnissen auch gar nicht auf die Idee, sich in die aseptische feine Welt der Meierschen Architektur zu begeben, geschweige sie sich von ihm bauen zu lassen; sie kämen damit nicht zurecht – und die Häuser nicht mit ihnen. Auch der Ulmer Stadthaus-Intendant dürfte es nicht leicht haben, die richtige Art des Umgangs mit seinem Bauwerk zu finden, vor allem, es »zu bespielen«. Die Architektur verlangt Haltung und einen sicheren Geschmack.

Daß sie den Künsten zuzurechnen sei, war für ihren Urheber, der eine Zeitlang selbst malte und collagierte und Frank Stella zum Freund hat, niemals zweifelhaft. »Ich glaube«, hat er in einem Interview mit der Publizistin Barbaralee Diamonstein 1980 gesagt, »daß Architektur hohe Kunst ist«. Es gehe ihm darum, etwas zu schaffen, was es in unserer Zeit in seinem Land noch niemals zuvor gegeben hat. Deshalb war es ihm auch wichtiger, daß der mit dreihundert Plätzen verhältnismäßig kleine Saal ästhetisch makellos und seine Gestalt so einfallsreich wie möglich sei – selbst um den Preis, daß er akustisch schwer zu gebrauchen ist. Lieber vertraut er auf die kleinen, unauffälligen elektronischen Krücken, die Mikrophone und die Verstärker und die Lautsprecher, die den tückischen Schall überspielen, als daß er den architektonischen Empfehlungen eines Akustikers gehorchte. Lieber nimmt er es in Kauf, daß ein Wort, vorn gesprochen, schon in der Mitte in seinem Hall ertrinkt, als daß er die schönen, heftig reflektierenden Oberflächen aus Beton, Glas und Holz mit Stoff oder Teppichboden beleidigen würde.

Trotzdem ist das Ulmer Stadthaus ein wohlgeratenes, klug durchdachtes, emphatisch komponiertes, ein ungemein schönes Haus. Es steckt voller Chancen, die nach und nach entdeckt werden möchten, es ist ein Sturzacker, auf dem die Phantasie gedeihen kann. Aber braucht Ulm, brauchen die Ulmer es überhaupt? Aber ja!, ist die eine Antwort, natürlich. Die Stadt brauchte es, um den wüsten Münsterplatz als einen gestalteten, geistreich gefaßten Raum zurückzugewinnen. Die andere Antwort baut auf die Hoffnung, daß die Bürger das Stadthaus als das ihre begreifen und es in Besitz nehmen, als ein »Haus für alle und so ziemlich alles«, so wie es ungleich ruppiger, ausdrücklich die Feinheiten der Architektur vermeidend, einst die berühmte Mehrzweckhalle des niederländischen Architekten Frank van Klingeren war. Er hatte »De Meerpal« für das Polderdorf Dronte auf der Insel Flevoland am IJsselmeer als einen für viele zu benutzenden, wind- und wettergeschützten Ort entworfen, einen gewissermaßen ins Innere komplimentierten Außenraum, darin auch ein kleines ovales, sehr variables, infolgedessen nahezu »totales Theater«, wie es Walter Gropius vorgeschwebt hatte. Warum also sollte dergleichen nicht in Ulm funktionieren? Dennoch sei das Stadthaus »eigentlich ein Luxus für 32 Millionen Mark«. Ja aber, möchte man dazwischenrufen, warum denn nicht!

1925, leicht deprimiert von den fast fünfhundert Wettbewerbsbeiträgen zum Münsterplatz, schrieb der Geheime Hofrat Professor Cornelius Gurlitt aus Dresden einen Brief an die Zeitschrift *Baukunst*. Ihm schien, wie zu lesen war, »beim Ausschreiben eines verfehlt: Man wendet sich an **ganz** Deutschland, um Arbeiten zu erhalten, die durchaus ulmerisch gefühlt sein mußten. Man hätte in Schwaben und Südbayern **allein** zum Wettbewerb laden sollen, da diese allein das rechte Stadtgefühl aufzubringen in der Lage sind.« 1987 hätte er möglicherweise geschrieben, daß es befangen mache, ulmerisch zu fühlen, und daß es den Architekten die Freiheit der Gedanken lähme, ihren Mut zum Kontrast. Und es hätte ihn verwundert und beeindruckt, daß der glückliche Schluß dieses Trauerspiels mißglückter Versuche von einem Baukünstler aus New York geschrieben wurde.

Literatur zu Richard Meier und zum Ulmer Münsterplatz

Leon Battista Alberti, *Zehn Bücher über die Baukunst,* übersetzt von Max Theuer, Wien und Leipzig 1912.
Barbaralee Diamonstein, *American Architecture Now,* 2 Bände, New York 1980 und 1985.
Five Architects. Eisenman, Graves, Gwathmey, Hejduk, Meier, New York 1975.
The Getty Center. Design Process, Los Angeles 1991.
Ingrid Honold, *Der Ulmer Münsterplatz – Wettbewerbe und Projekte zu seiner städtebaulichen und architektonischen Gestaltung,* 2 Bände, Tübingen 1993.
Hanno-Walter Kruft, *Geschichte der Architekturtheorie,* München 1985.
Richard Meier, Architect. Buildings and Projects 1966 to 1976, mit einer Einführung von Kenneth Frampton und einem Nachwort von John Hejduk, New York 1976.
Richard Meier, *Zeitströmungen in der Architektur – eigene Bauten,* DLW Architektenforum 1981, Bietigheim 1981.
Richard Meier – Buildings and Projects 1965–1981, Ausstellungskatalog, Zürich 1982.
Richard Meier, Architect. 1964/1984, mit einer Einführung von Joseph Rykwert, New York 1984.
The Pritzker Architecture Prize 1984, presented to Richard Meier.
Richard Meier. Museum für Kunsthandwerk Frankfurt am Main, mit einer Einführung von Norbert Huse und Photographien von Dieter Leistner, Berlin 1985.
Richard Meier, Bauen für die Kunst, hrsg. von Werner Blaser, Basel 1990.
Richard Meier, Architect, Vol. 2., mit einer Einführung von Richard Meier, New York 1991.
Hans Dieter Schaal und Frank Hess, *zum Beispiel Ulm neu. Denkanstöße für die Architektur einer Stadt,* Ulm 1978.
Bruno Taut, *Architekturlehre,* Hamburg/Berlin 1977.

Literature on Richard Meier and Münsterplatz in Ulm

Leon Battista Alberti, *De re aedificatoria libri X*, Florence 1485.
Barbaralee Diamonstein, *American Architecture Now*, 2 volumes, New York 1980 and 1985.
Five Architects. Eisenman, Graves, Gwathmey, Hejduk, Meier, New York 1975.
The Getty Center. Design Process, Los Angeles 1991.
Ingrid Honold, *Der Ulmer Münsterplatz – Wettbewerbe und Projekte zu seiner städtebaulichen und architektonischen Gestaltung*, 2 volumes, Tübingen 1993.
Hanno-Walter Kruft, *Geschichte der Architekturtheorie*, Munich 1985.
Richard Meier, Architect. Buildings and Projects 1966 to 1976, with an introduction by Kenneth Frampton and an afterword by John Hejduk, New York 1976.
Richard Meier, *Zeitströmungen in der Architektur – eigene Bauten*, DLW Architektenforum 1981, Bietigheim 1981.
Richard Meier – *Buildings and Projects 1965–1981*, exhibition catalogue, Zurich 1982.
Richard Meier, Architect. 1964/1984, with an introduction by Joseph Rykwert, New York 1984.
The Pritzer Architecture Prize 1984, presented to Richard Meier.
Richard Meier. Museum für Kunsthandwerk Frankfurt am Main, with an introduction by Norbert Huse and photographs by Dieter Leistner, Berlin 1985.
Richard Meier, Bauen für die Kunst, ed. by Werner Blaser, Basel 1990.
Richard Meier, Architect, Vol. 2, with an introduction by Richard Meier, New York 1991.
Hans Dieter Schaal and Frank Hess, *zum Beispiel Ulm neu. Denkanstöße für die Architektur einer Stadt*, Ulm 1978.
Bruno Taut, *Architekturlehre*, Hamburg/Berlin 1977.

frugal, as simple as possible: reinforced concrete with white plaster, sheet metal lacquered white, light grey granite slabs, steel banisters and gallery rails from ship-building or industry, many prefabricated sections, glass bricks, steel staircases, and down below on the ground floor the granite paving of Münsterplatz (whose pattern was also designed by Richard Meier), continued in the interior and expressly reinforcing the link with the outside world, and up above is fine oak parquet, so warming to the eyes.

All this shows a very high degree of precision. It can be seen in every joint, in every glazing bar. It is almost superfluous to talk about the quality of the designed detail. There are no aesthetic incidents, nothing that would have required or put up with an improvising clerk of works. An interior that is as disciplined as this and as exclusive of chance also requires disciplined use. It is difficult to imagine people behaving badly in Richard Meier's rooms. Even in the shiny-white villas, although these are retreat-shells of the utmost privacy, it must be difficult to let oneself go, to flop around, to plaster the white walls with pictures just as you feel like it, to fill them with too many books, to leave anything lying around, well, even to forget to wipe your feet or wash your hands when you come in. This architect might have thought, with Albert Loos, that everyone should be comfortable himself, not the architecture. But presumably a messy type, people who are crazy about pictures and books, peculiar people without any sense of need for prestige would not think of getting involved with the refined and aseptic world of Meier's architecture, to say nothing of commissioning him to build for them; they would not come to terms with it, and the buildings would not come to terms with them. Even the director of the Ulm Stadthaus may not find it easy to find the right way of dealing with his building, especially »how to perform in it«. This architecture requires poise and secure taste.

Its originator never doubted that it should be counted among the arts; for a time he painted and made collages, and Frank Stella is one of his friends. »I believe«, he said in an interview with journalist Barbaralee Diamonstein in 1980, »that architecture is high art«. He said that he was concerned to create something that there had never been before in this country in our time. For this reason it was also more important for him to make the auditorium, relatively small with three hundred seats, aesthetically immaculate, and its design as inventive as possible – even at the price of its being difficult to use acoustically. He would rather rely on small, unobtrusive electronic crutches, microphones and amplifiers and loudspeakers, to convey the treacherous sound than follow the architectural recommendations of an acoustics expert. He would rather accept that a word spoken at the front fades out even in the middle of his hall than insult the beautiful, violently reflective surfaces in concrete, glass and wood with fabric or carpet.

Despite this, the Ulm Stadthaus is a successful, cleverly thought through, an emphatically composed, an uncommonly beautiful building. It is crammed full of opportunities that are gradually being discovered, it is a ploughed field on which the imagination can flourish. But does Ulm, do the people of Ulm need it anyway? Of course they do!, is one answer. The city needs it to win back desolate Münsterplatz as a designed, imaginatively framed space. The other answer builds on the hope that the people of Ulm perceive the Stadthaus as theirs and take possession of it »as a building for everyone and pretty well anything«, in the same way as the infinitely more bluff, famous all-purpose hall, expressly avoiding the refinements of architecture, designed by Dutch architect Franz van Klingeren. He designed »De Meerpal« for the polder village of Dronte on the island of Flevoland by the IJsselmeer as a place protected from wind and weather to be used by a large number of people, an outdoor space that had in a sense been politely asked indoors, and in it was a small, oval theatre, very variable and therefore almost a »total theatre«, of the kind Walter Gropius had once had in mind. And why should the same thing not work in Ulm? And yet the Stadthaus could be said to be »actually a luxury at 32 million marks«? Yes, you feel like shouting out, but why not!

In 1925, slightly depressed by almost five hundred Münsterplatz competition entries, Privy Councilor Professor Cornelius Gurlitt of Dresden wrote a letter to the periodical *Baukunst*. In this he pointed out that he felt »that one thing was missing from the brief: they were turning to the whole of Germany to receive works that must have a particularly Ulm-esque quality. Only architects from Swabia and South Bavaria should have been invited to participate, as only they are in a position to come up with the right feeling for the city.« In 1987 he would probably have written that it was too restricting to sense things just in terms of Ulm, it paralysed the architects' freedom of thought, and their courage to provide contrasts. And he would have been amazed and impressed that the happy conclusion to this tragedy of failed attempts was written by an architect from New York.

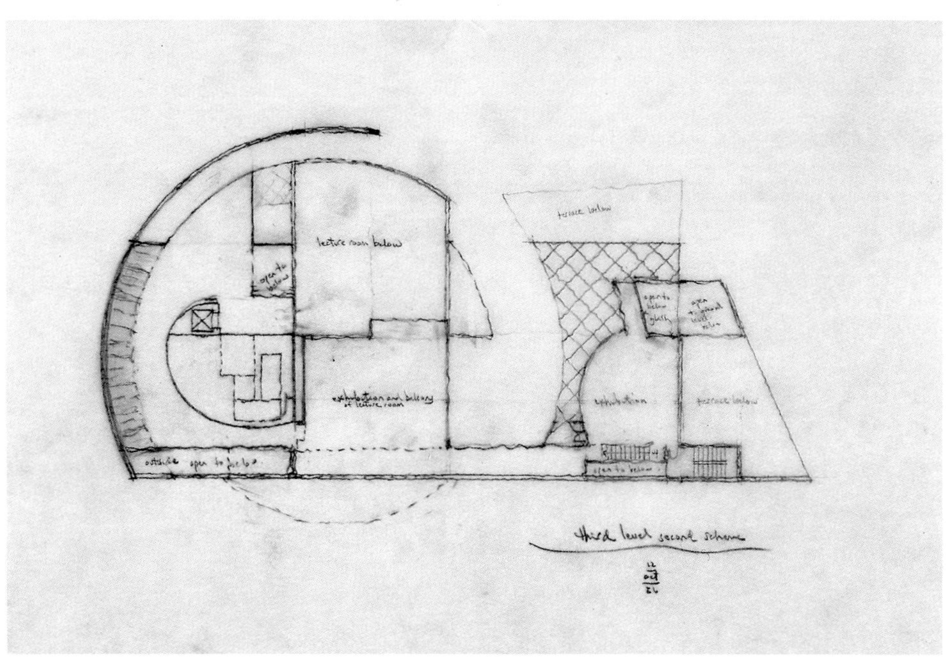

1–5. Grundrißskizzen Richard Meiers vom 12. Oktober 1986.
6,7. Modell von 1986. (Photo: Wolfgang Hoyt, Esto).

1–5. Floor-plan sketches by Richard Meier, 12 October 1986.
6,7. Model of 1986. (Photo: Wolfgang Hoyt, Esto).

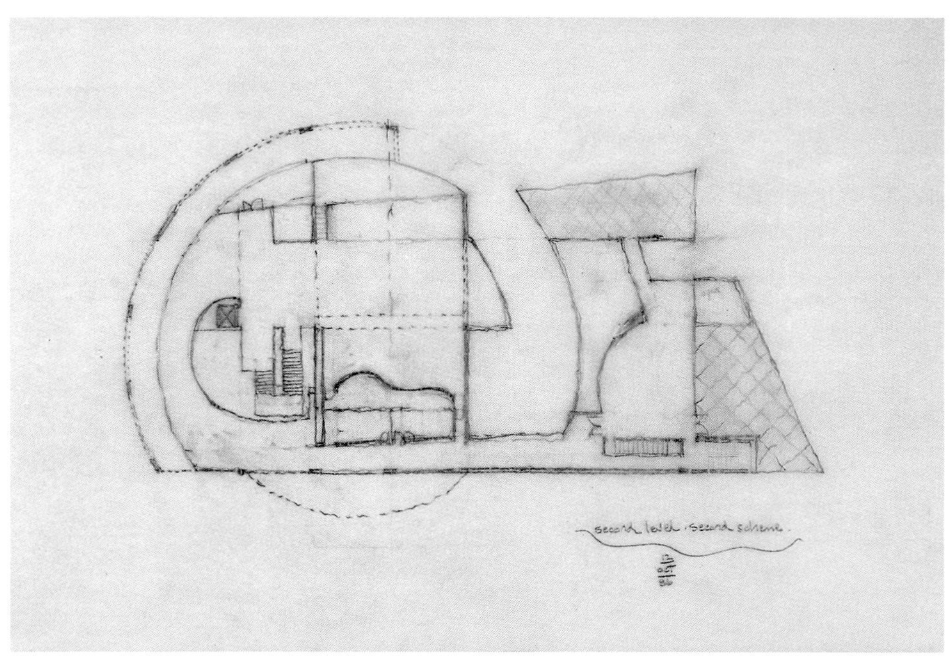

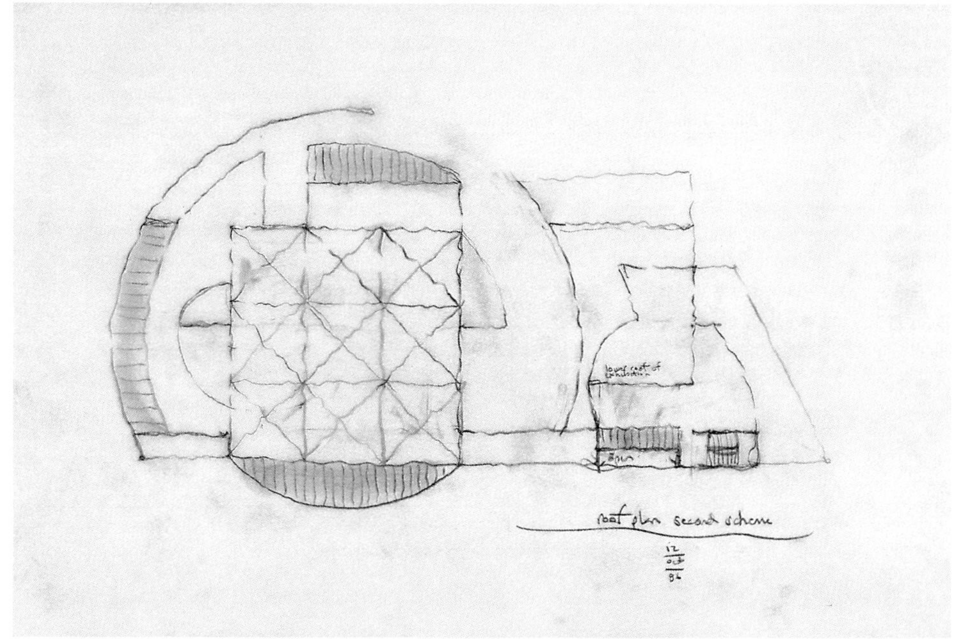

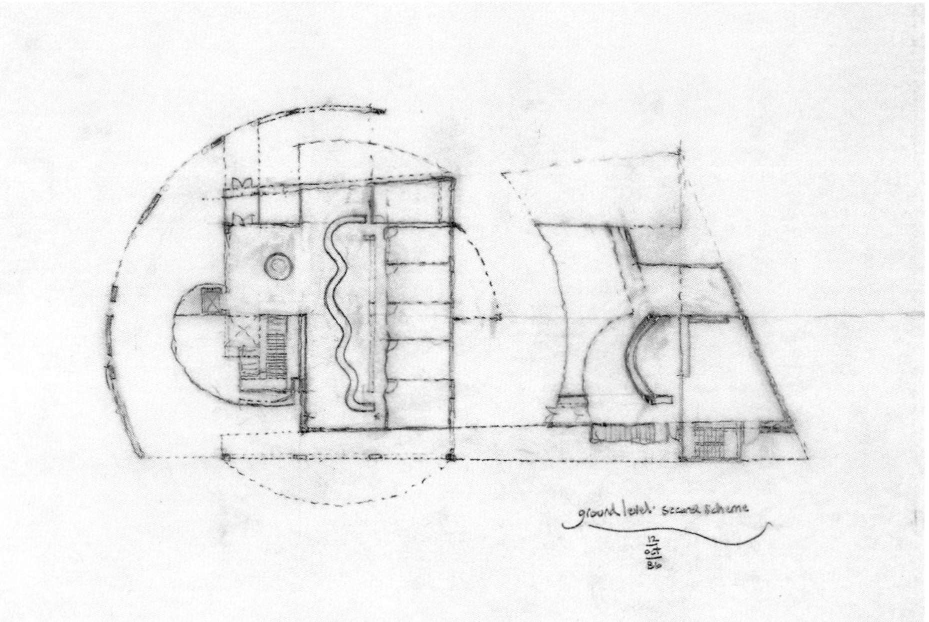

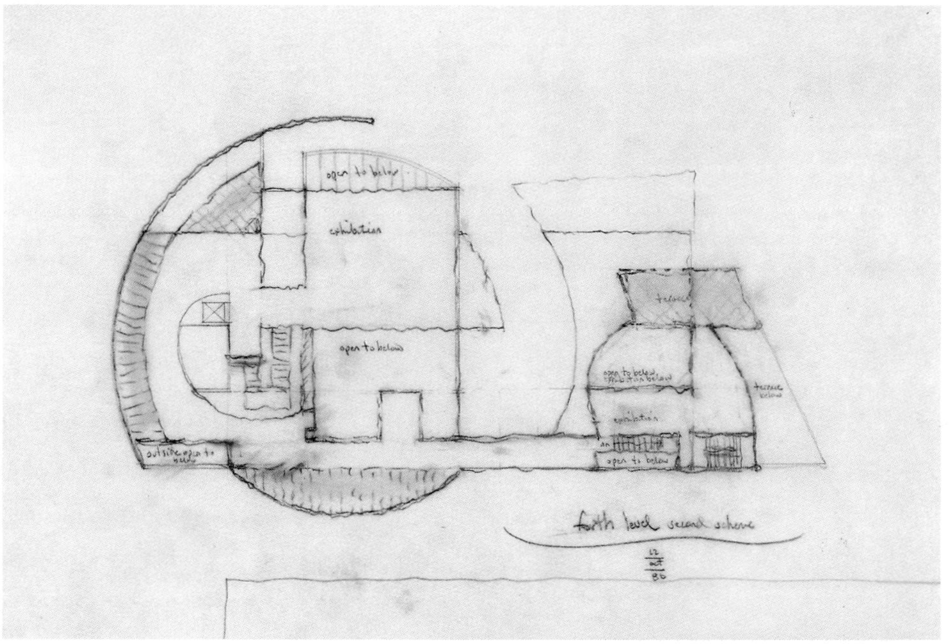

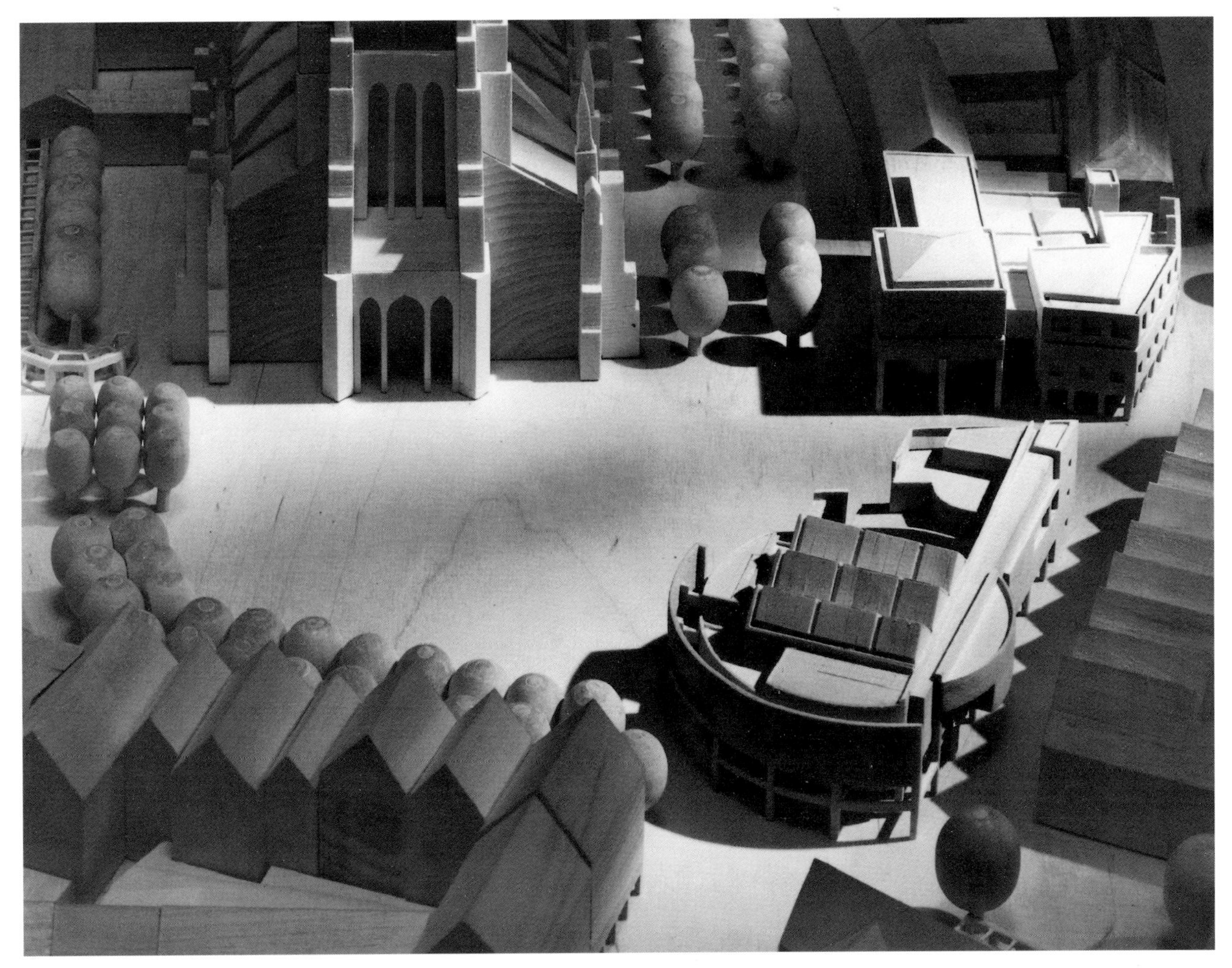

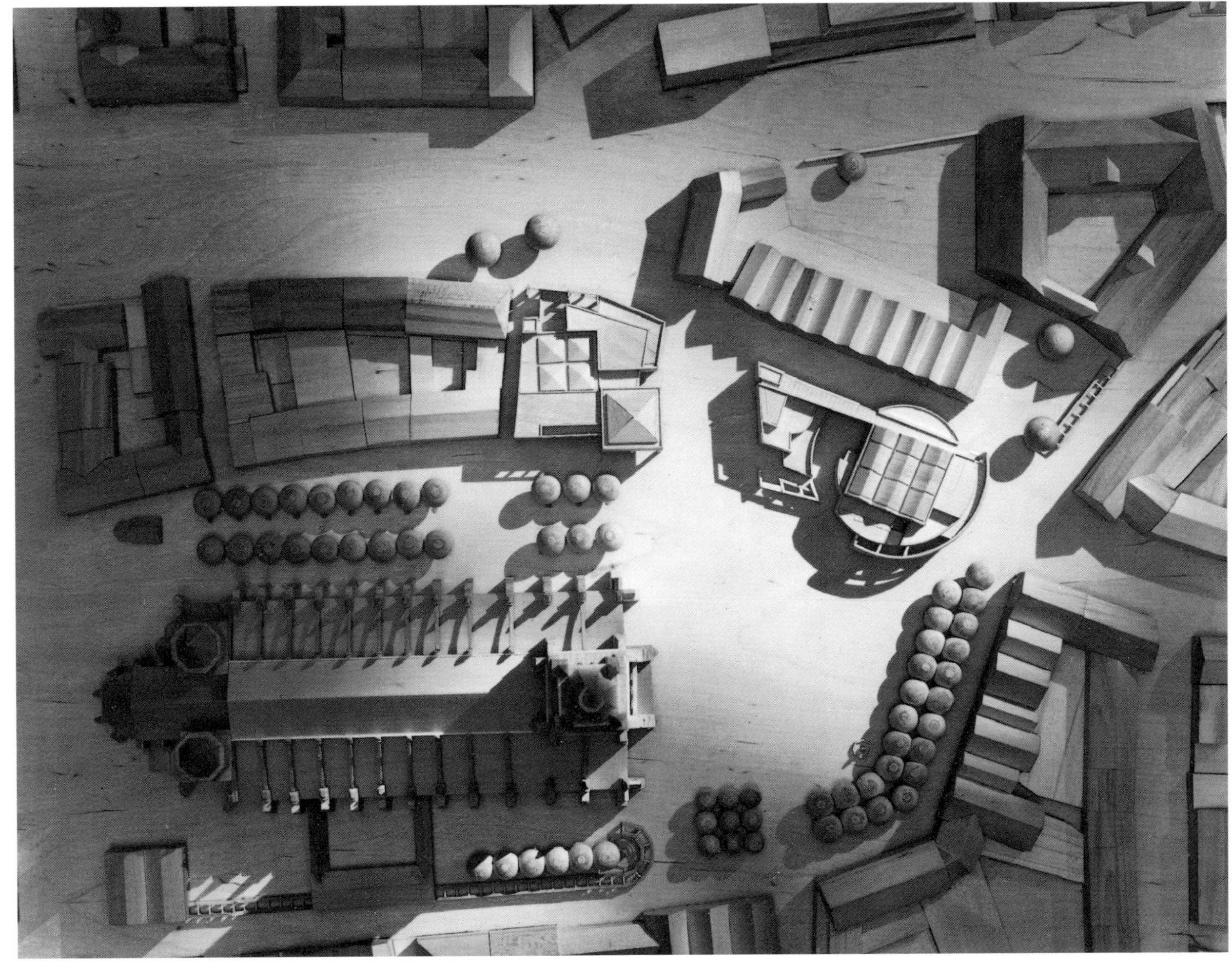

8. Lageplan.

8. Site plan.

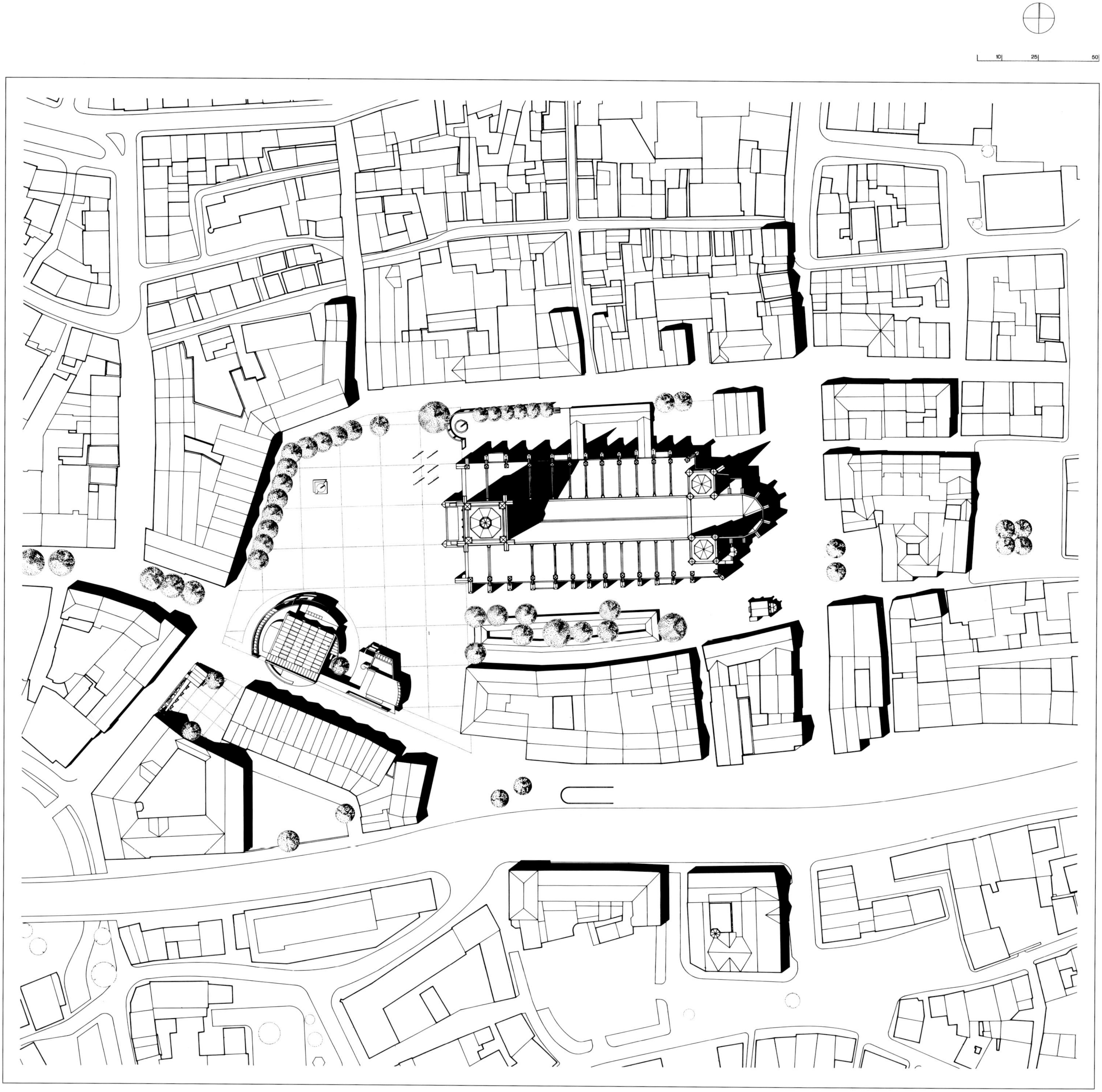

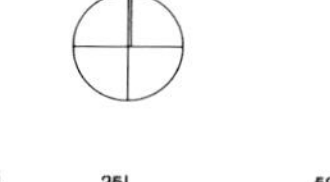

9. Münsterplatzebene.

9. Münsterplatz level.

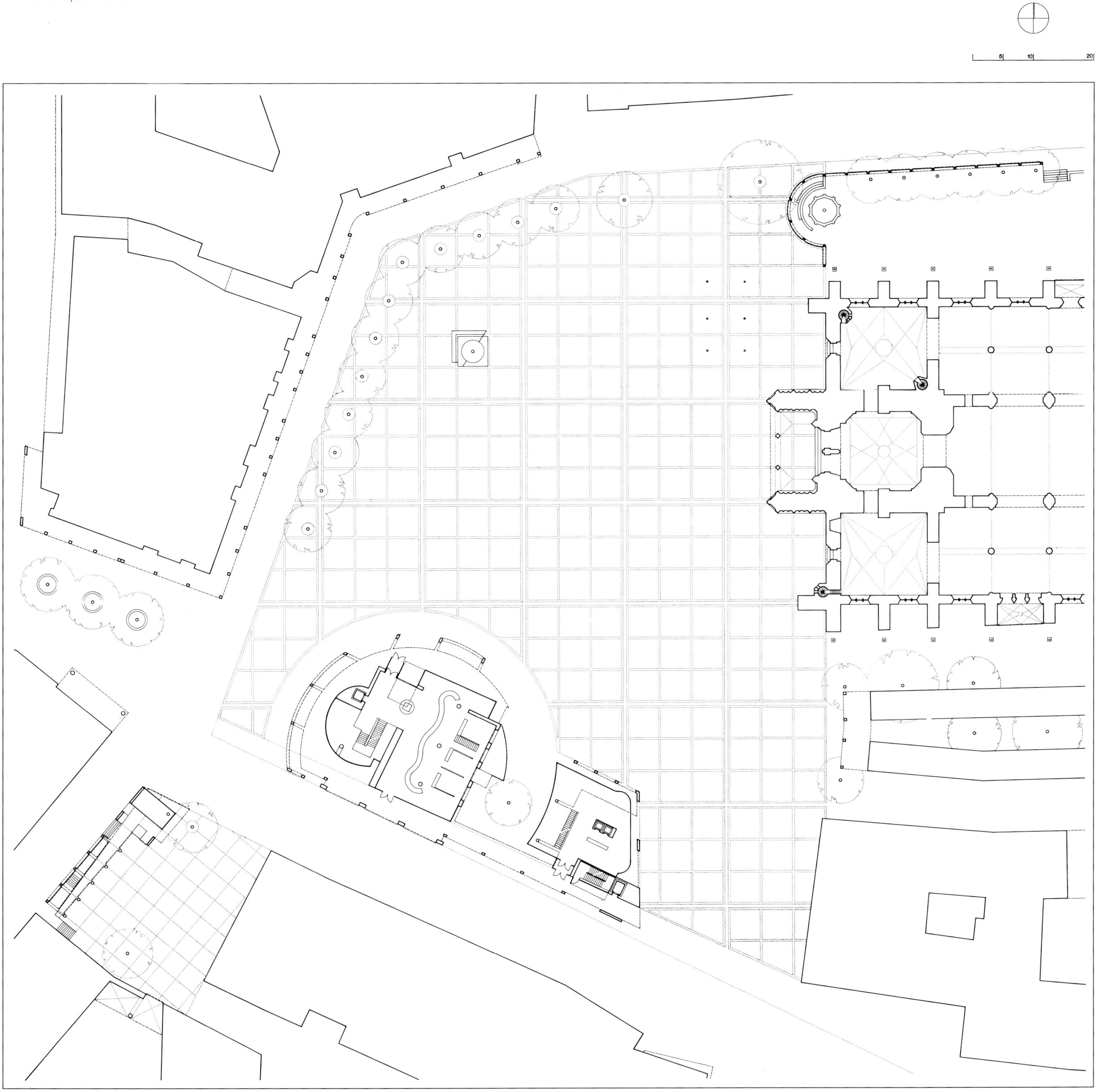

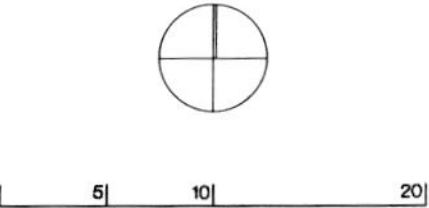

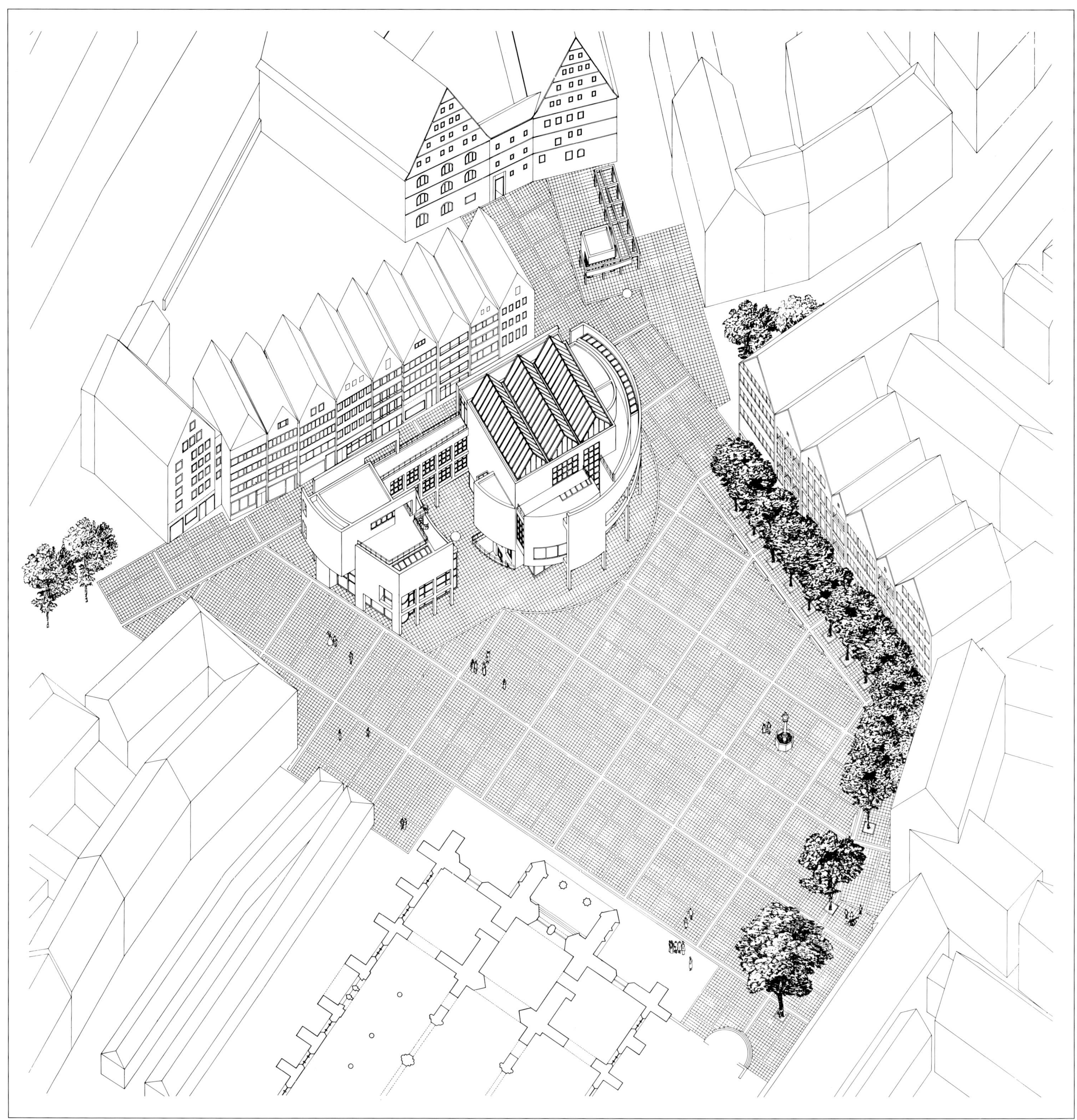

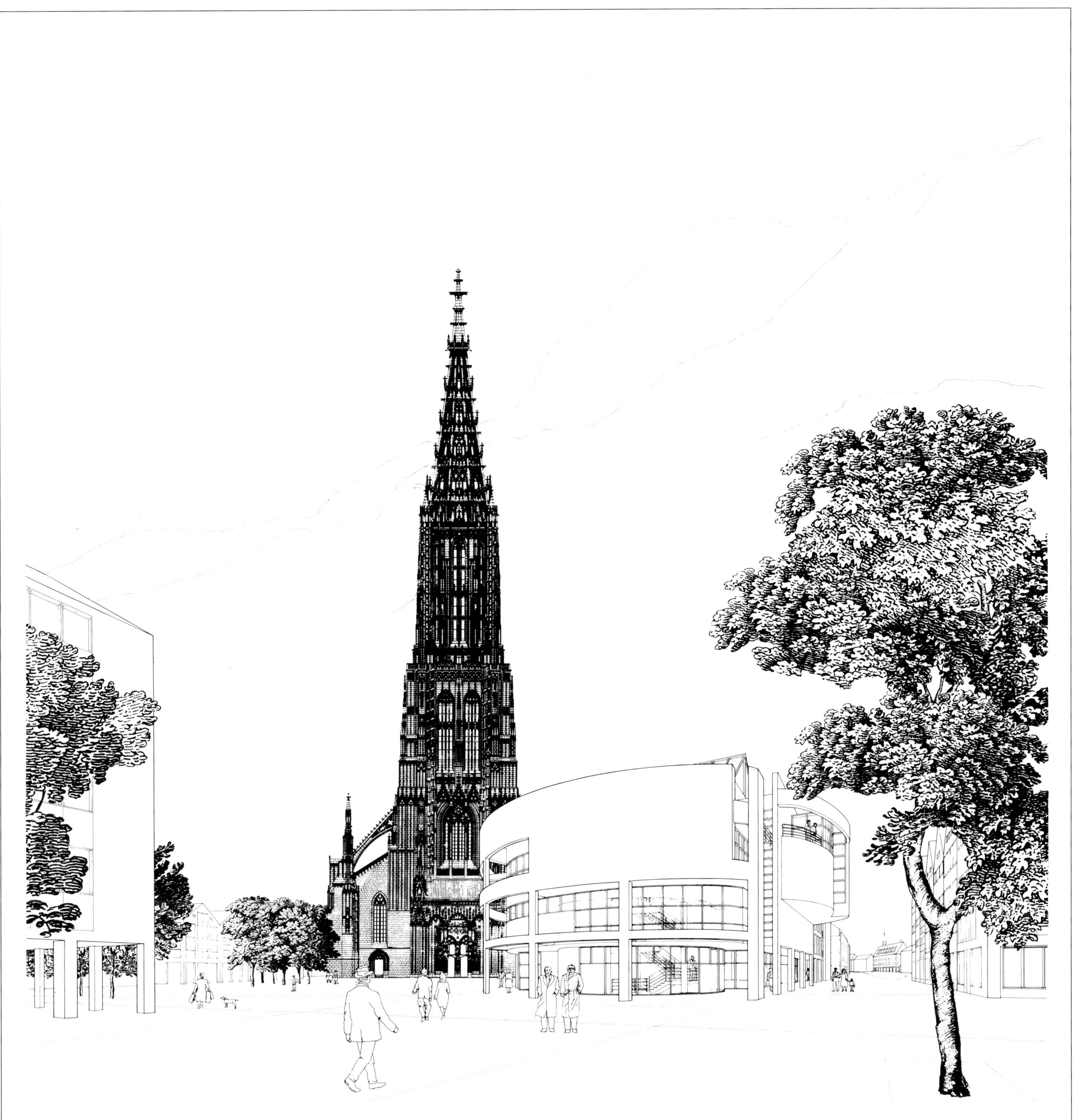

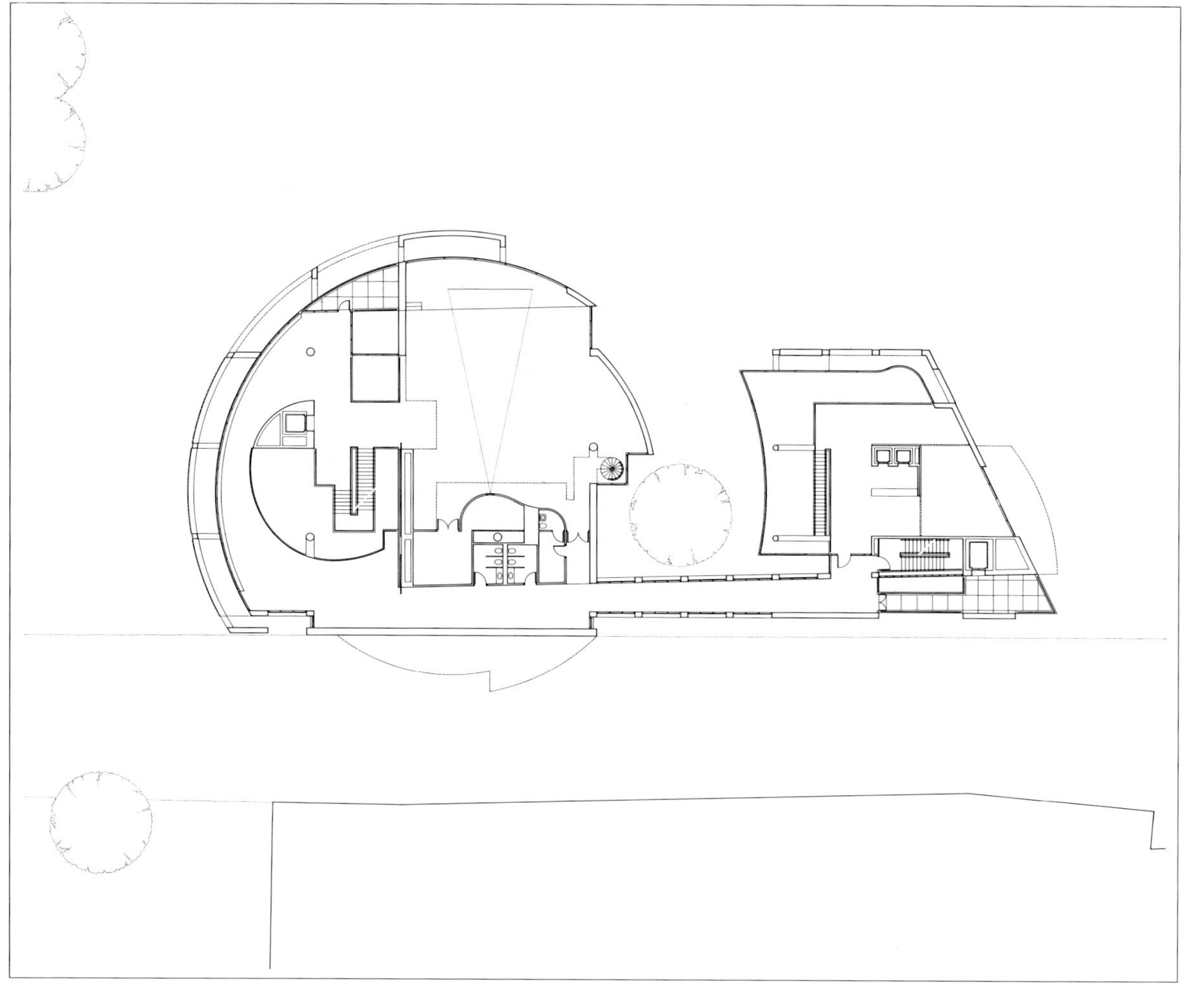

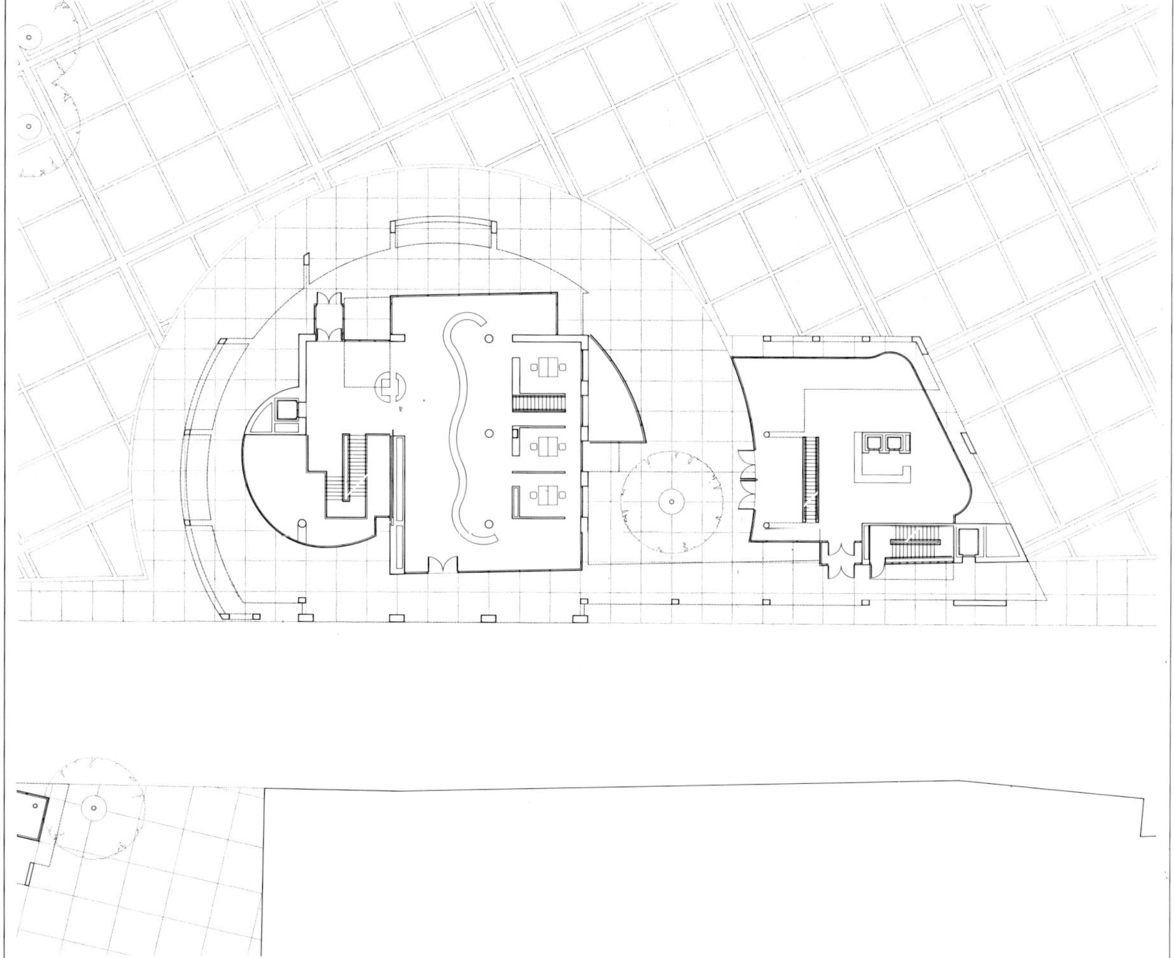

S. 28, 29
10. Axonometrie von Nordosten.
11. Perspektive von Westen.

p. 28, 29
10. Axonometric view from the north-east.
11. Perspective view from the west.

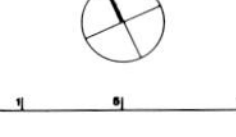

12–15. Grundrisse (Erdgeschoß, 1. Obergeschoß, 2. Obergeschoß, 3. Obergeschoß).

12–15. Floor plans (ground floor, 1st floor, 2nd floor, 3rd floor).

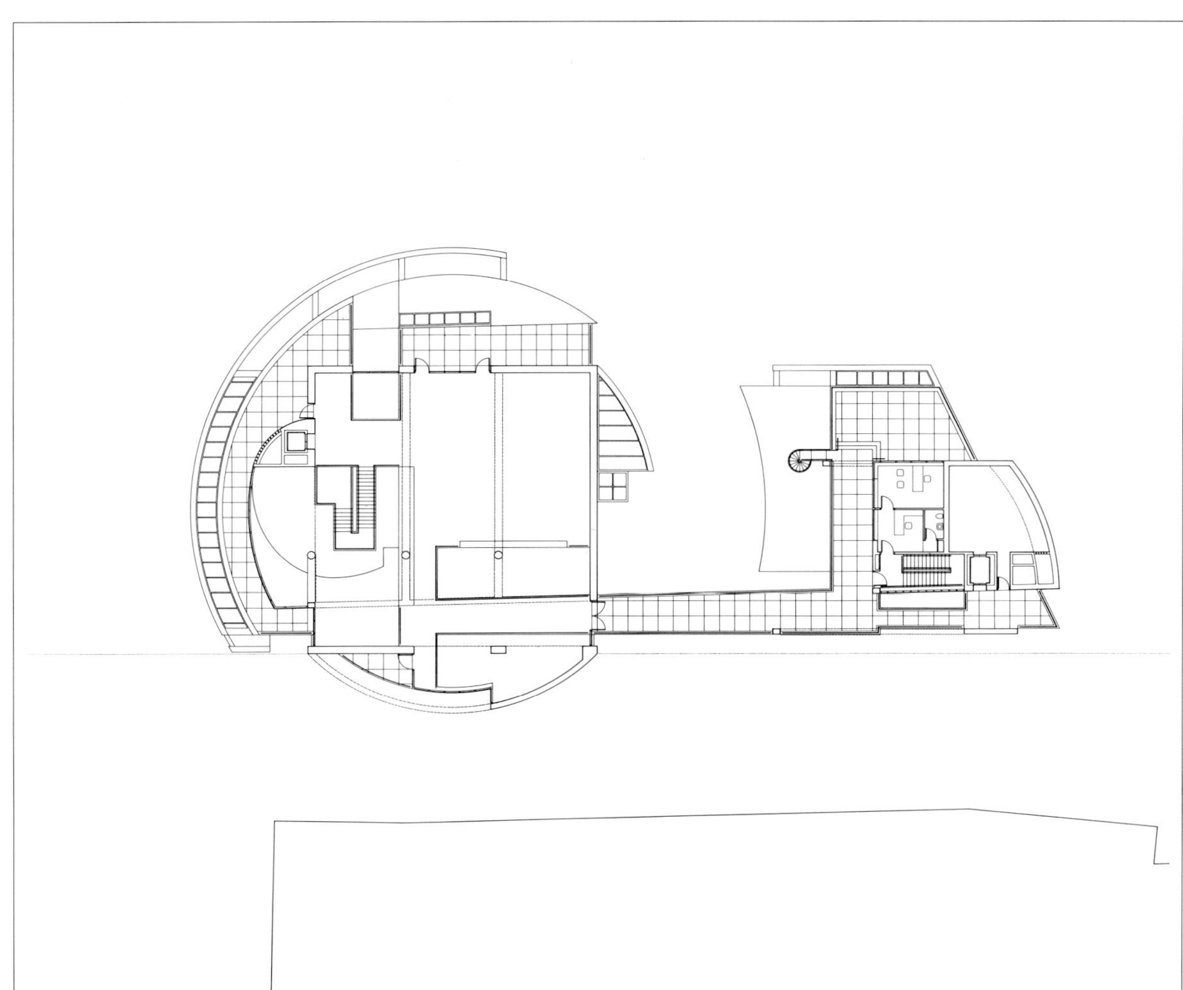

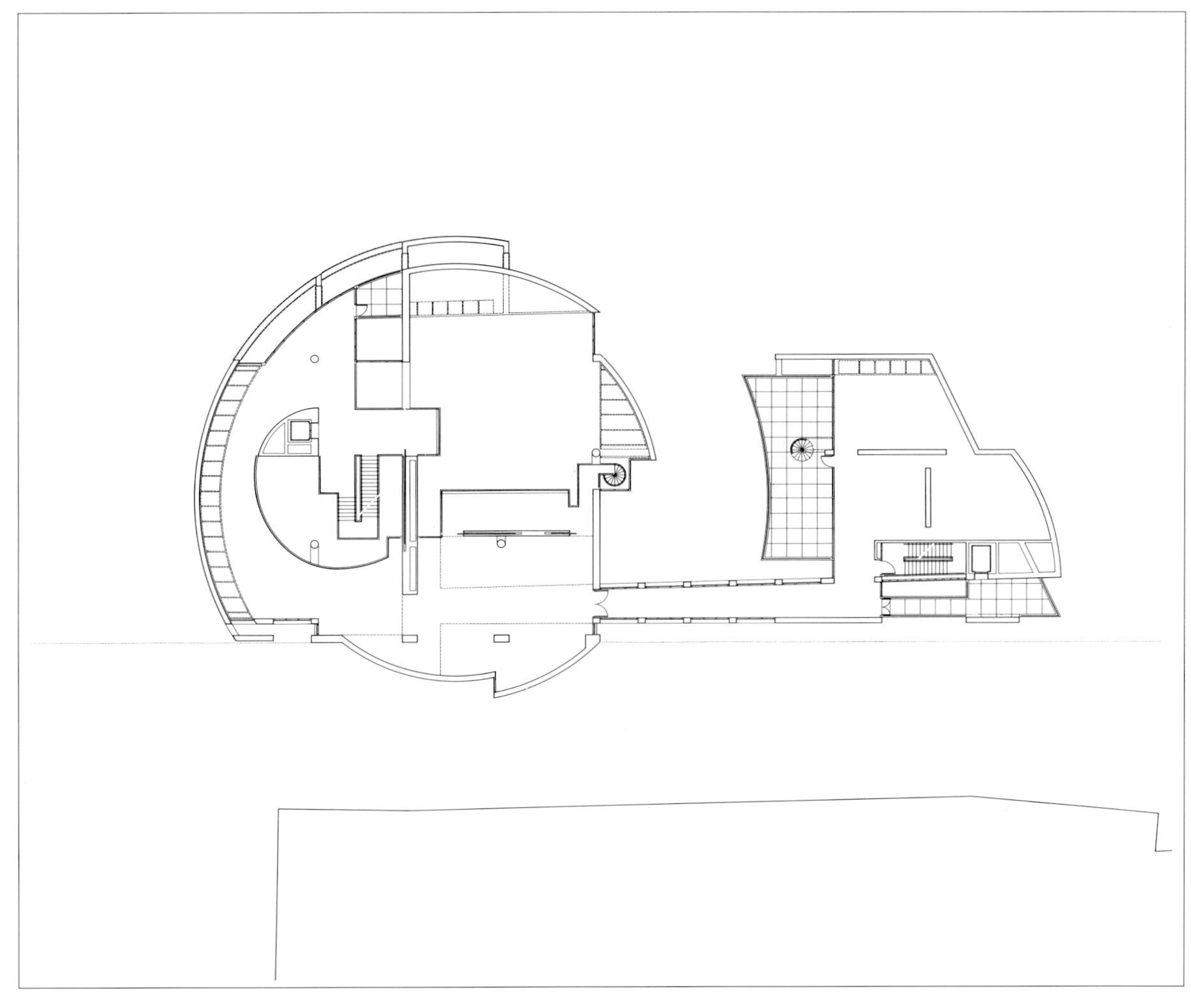

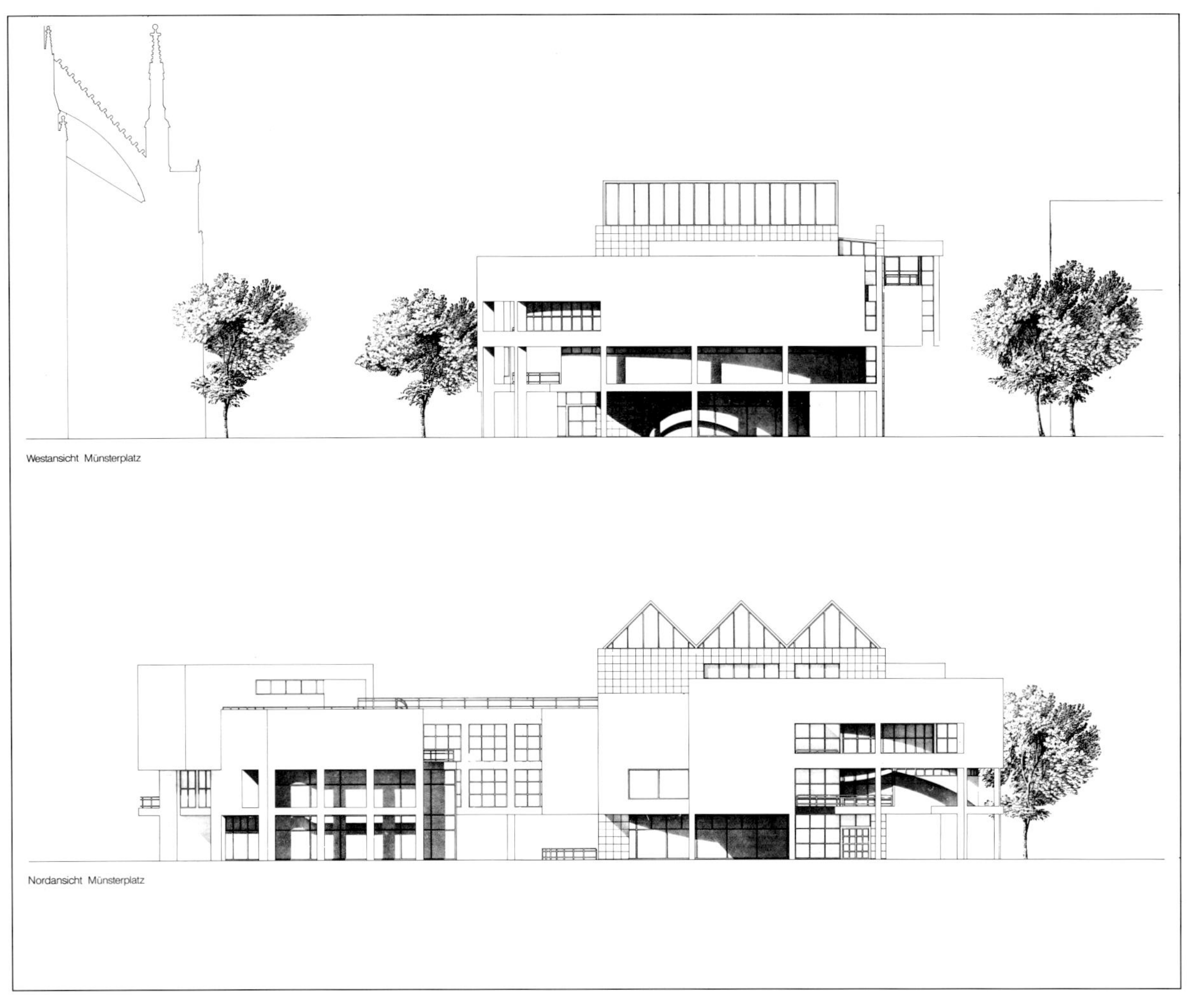
Westansicht Münsterplatz
Nordansicht Münsterplatz

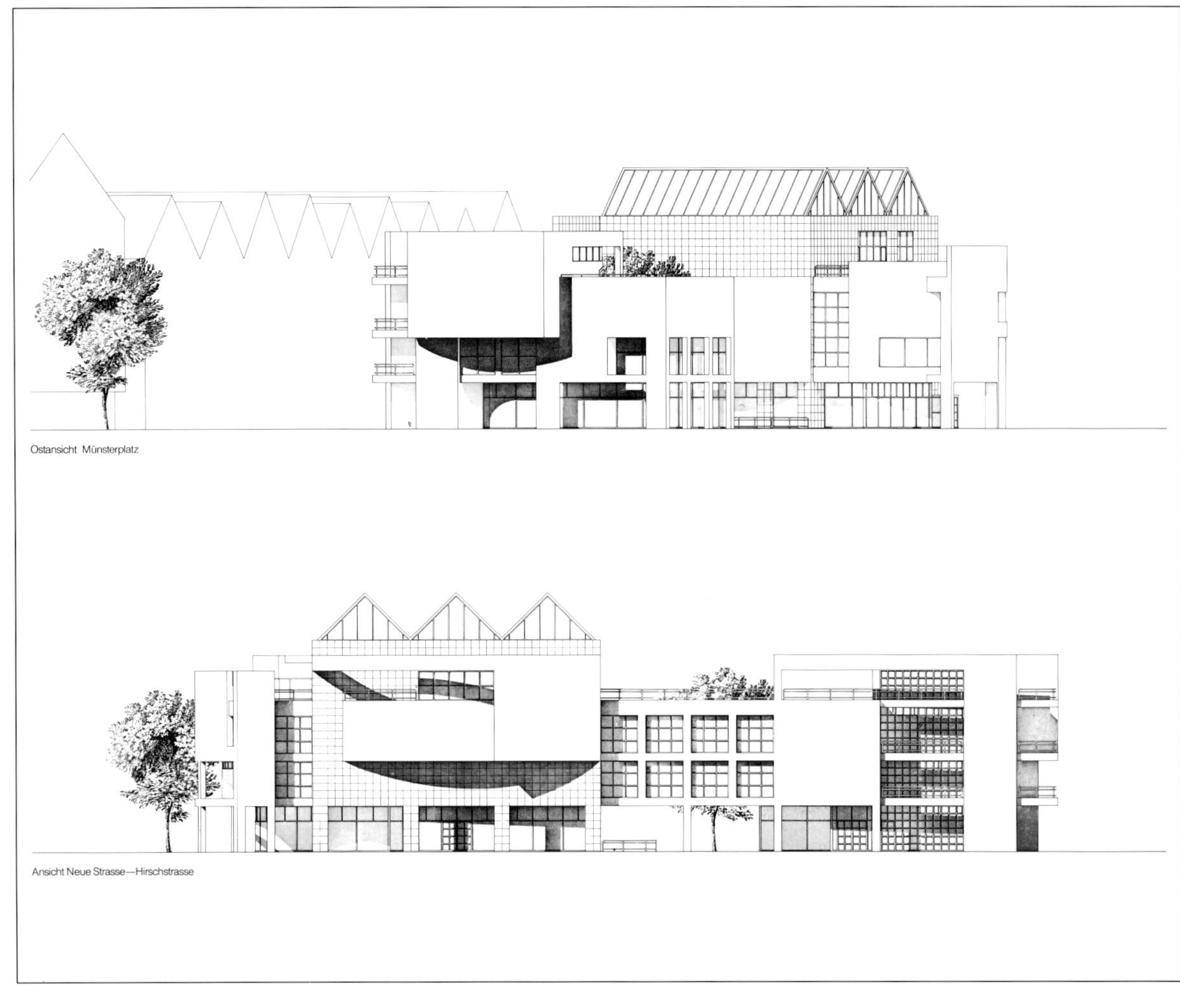
Ostansicht Münsterplatz
Ansicht Neue Strasse—Hirschstrasse

16–19. Aufrisse und Schnitte.

16–19. Elevations and sections.

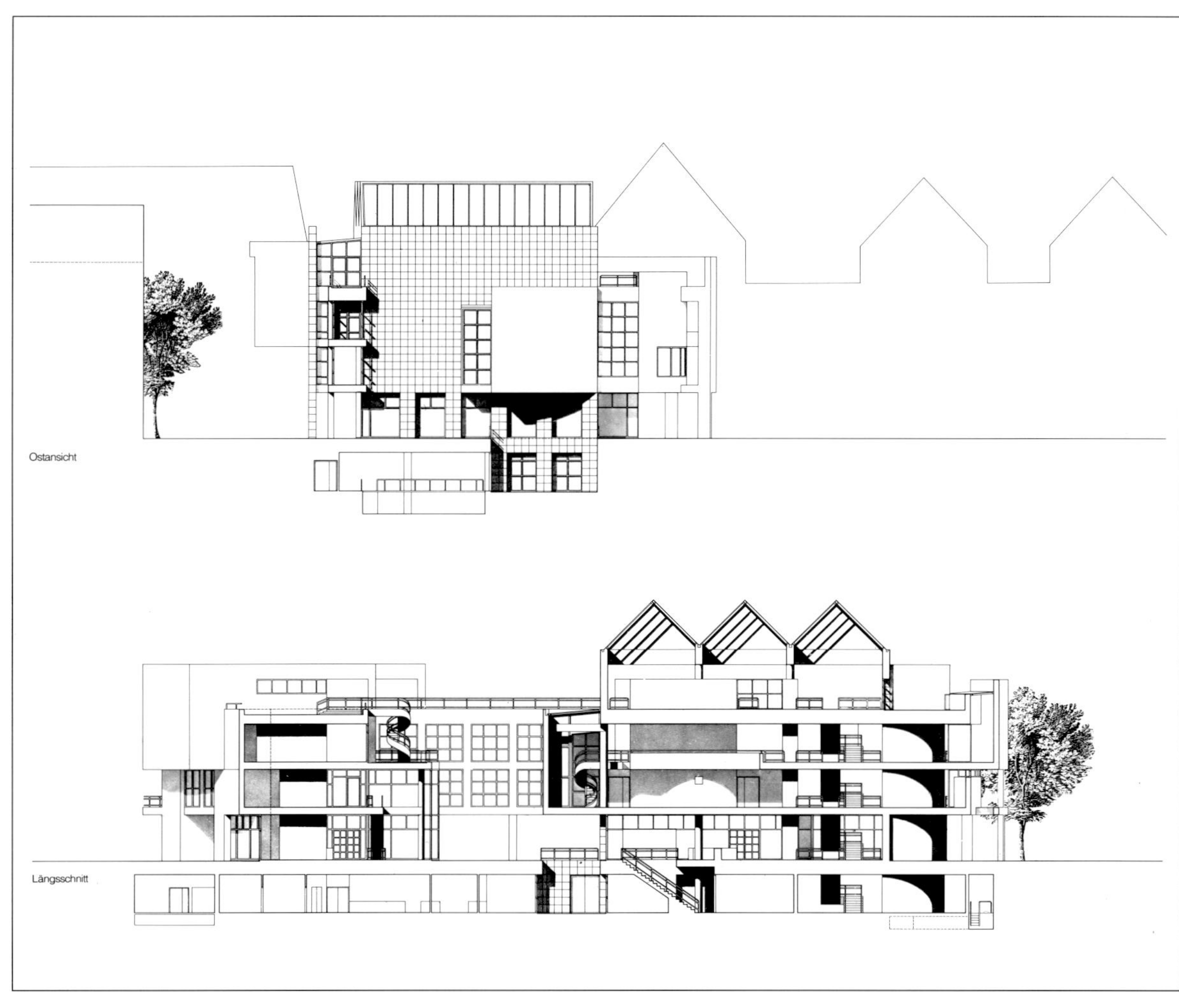

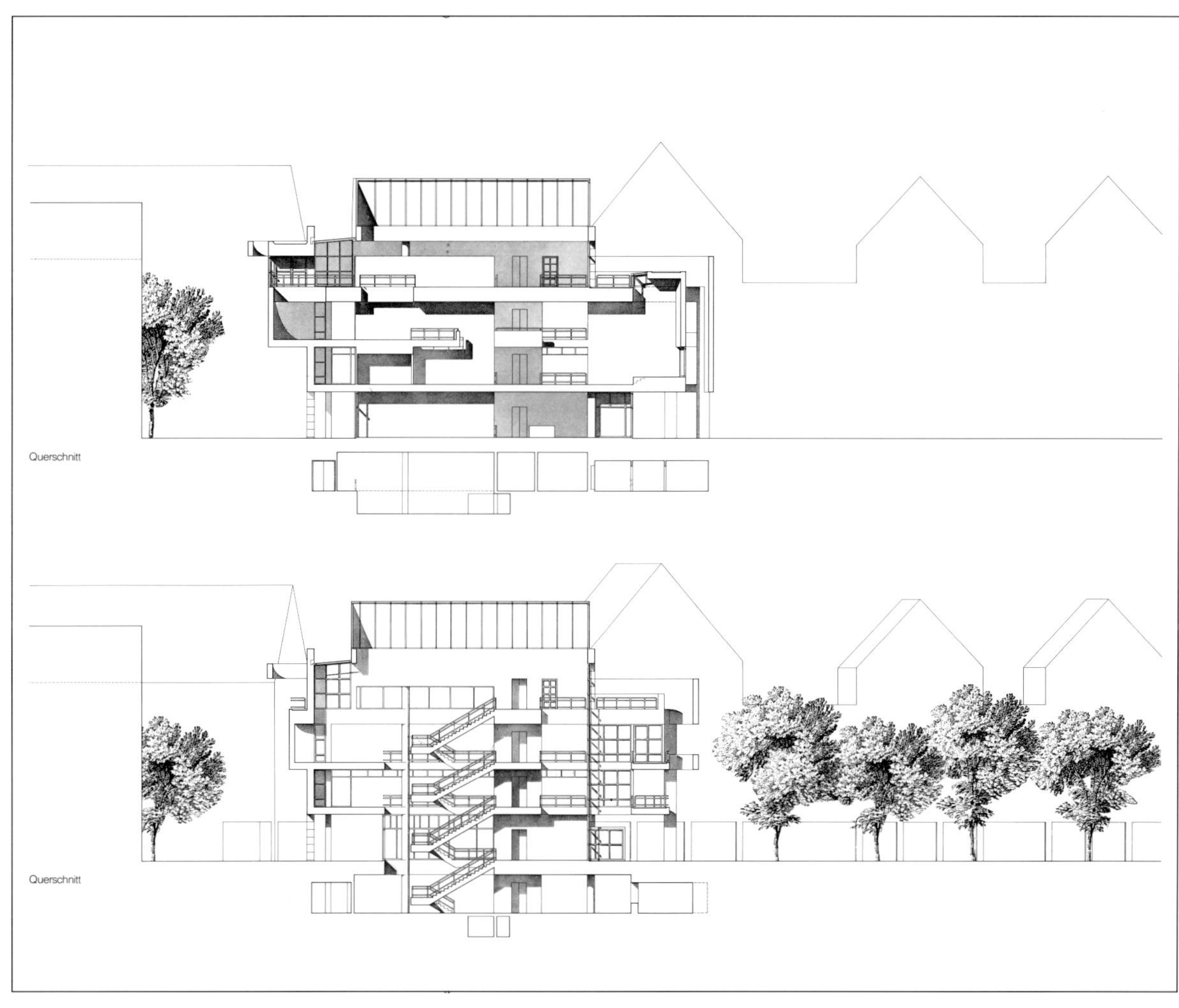

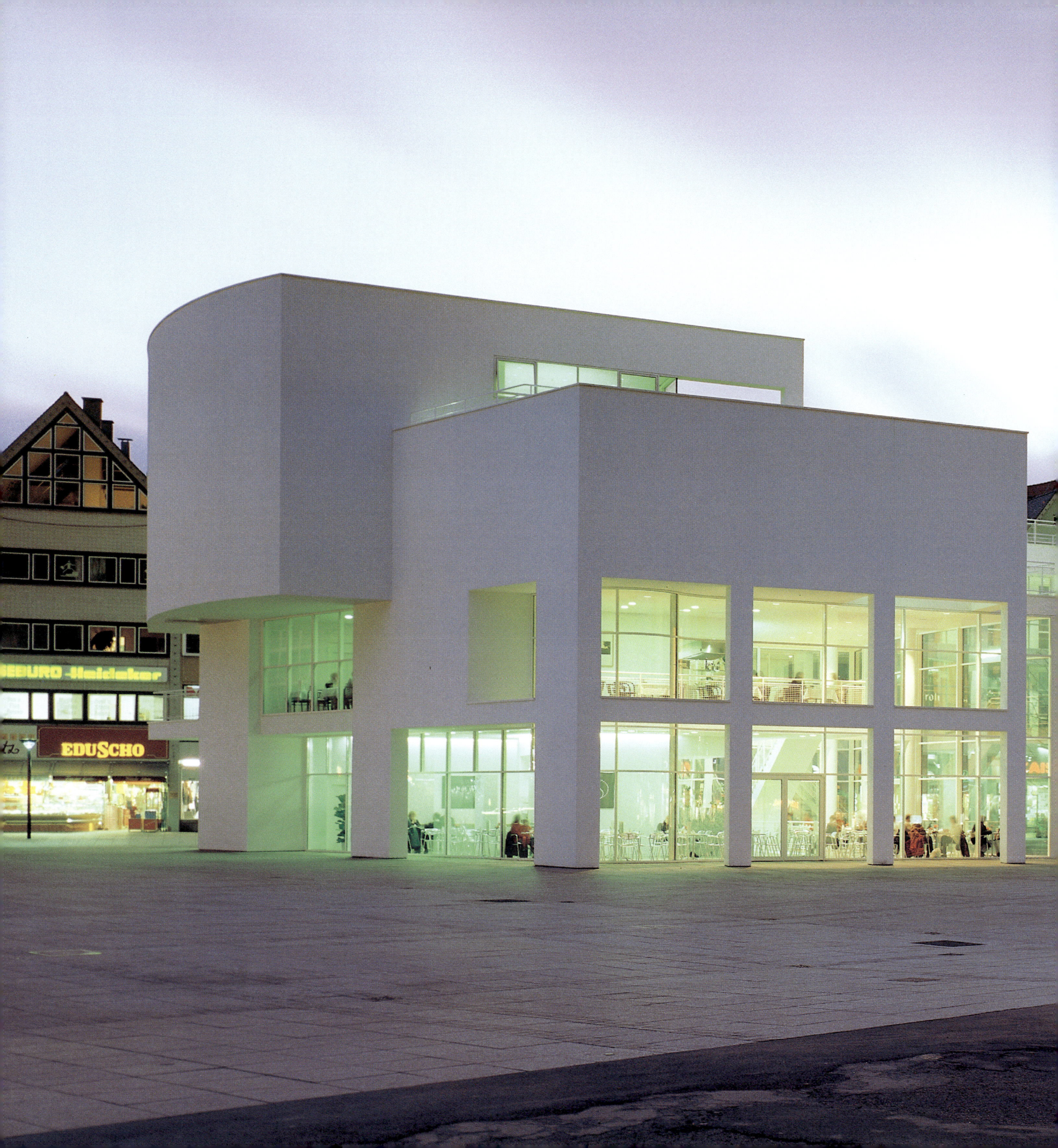
EDUSCHO

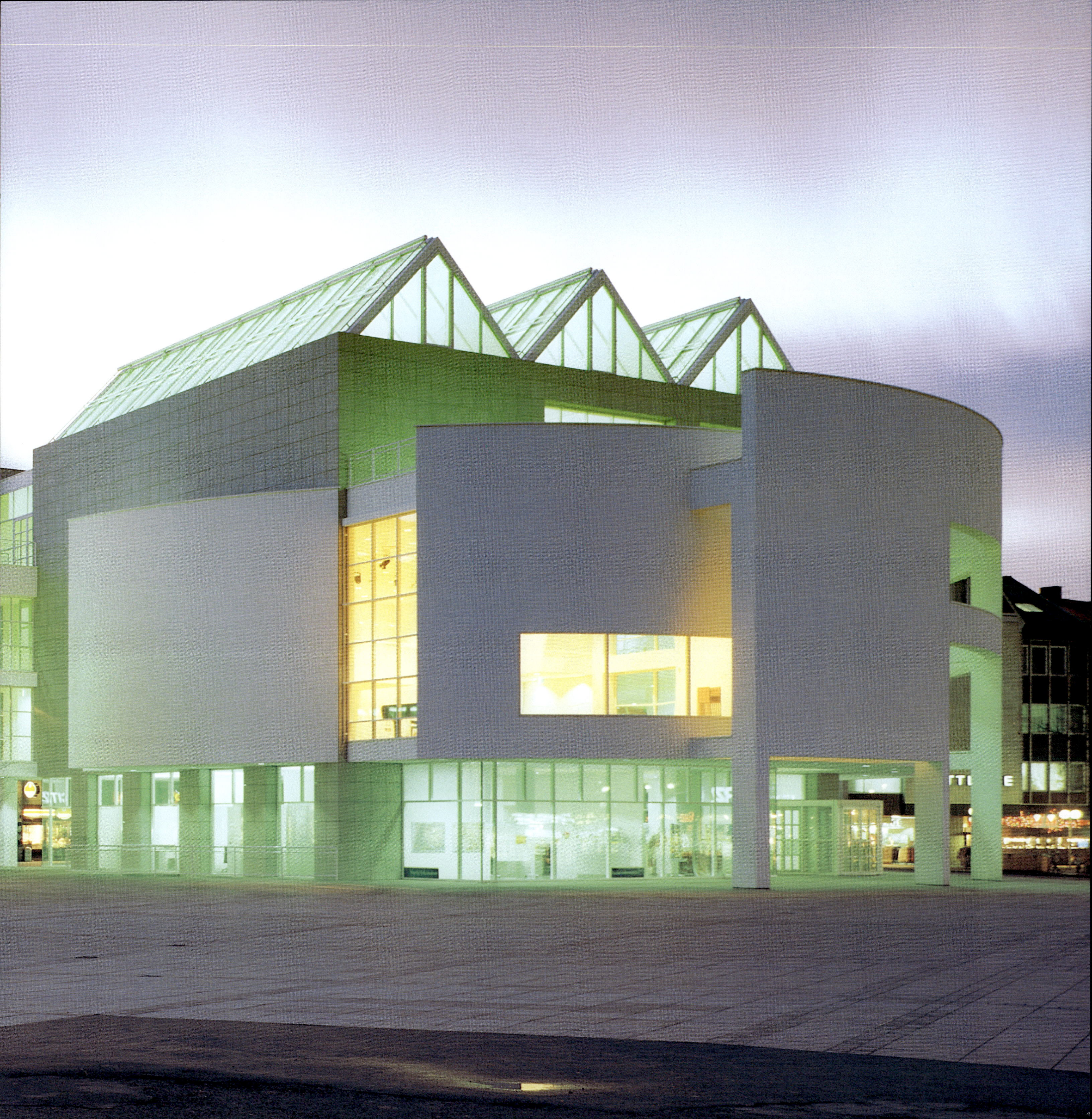

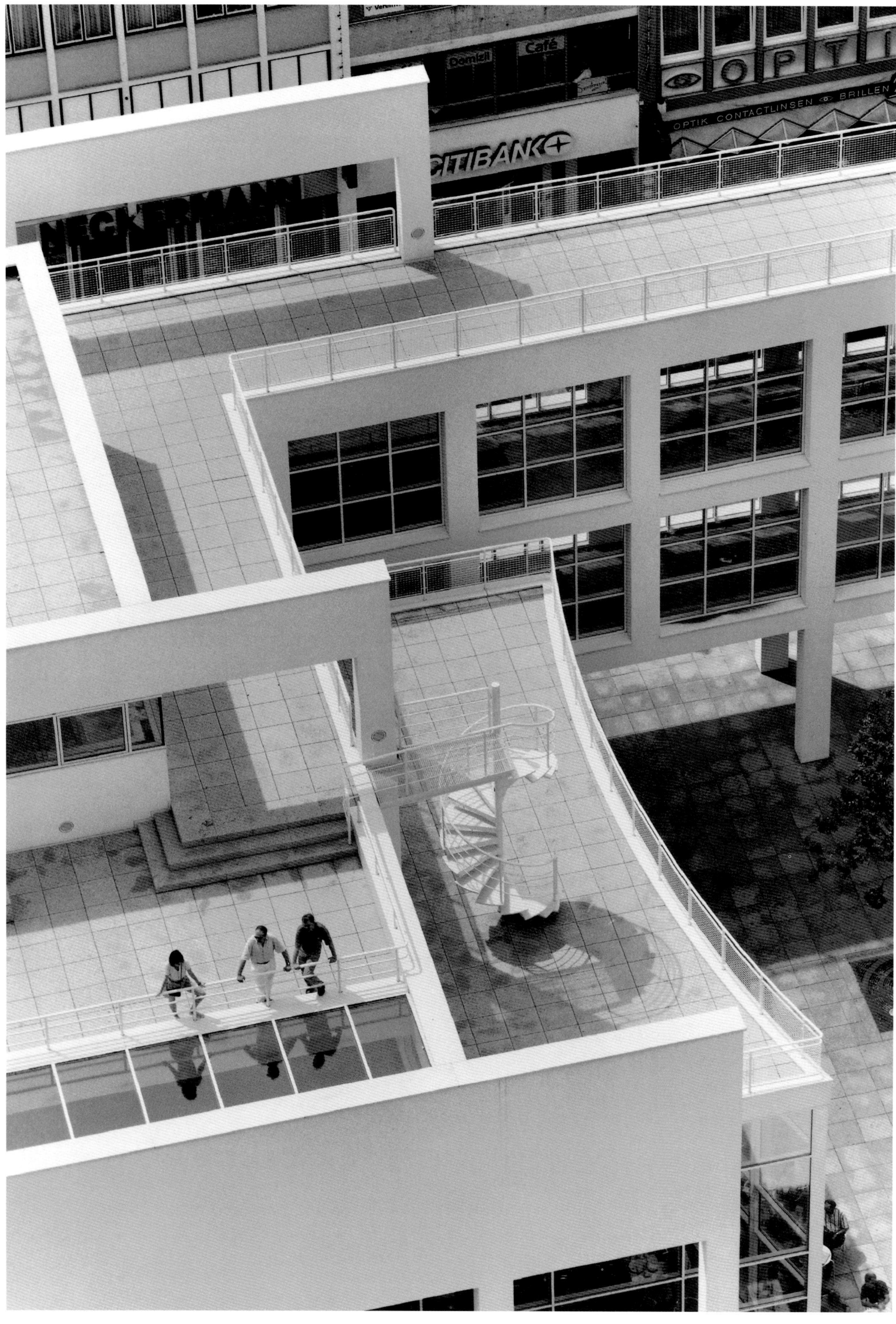
Domizil
Café
OPTIK CONTACTLINSEN
BRILLEN
CITIBANK
NECKERMANN

S. 34/35
20. Gesamtansicht von Nordosten am Abend.

p. 34/35
20. General view from the north-east in the evening.

21, 22. Blick vom Münster auf das Stadthaus.

21, 22. View of the Stadthaus from the Münster.

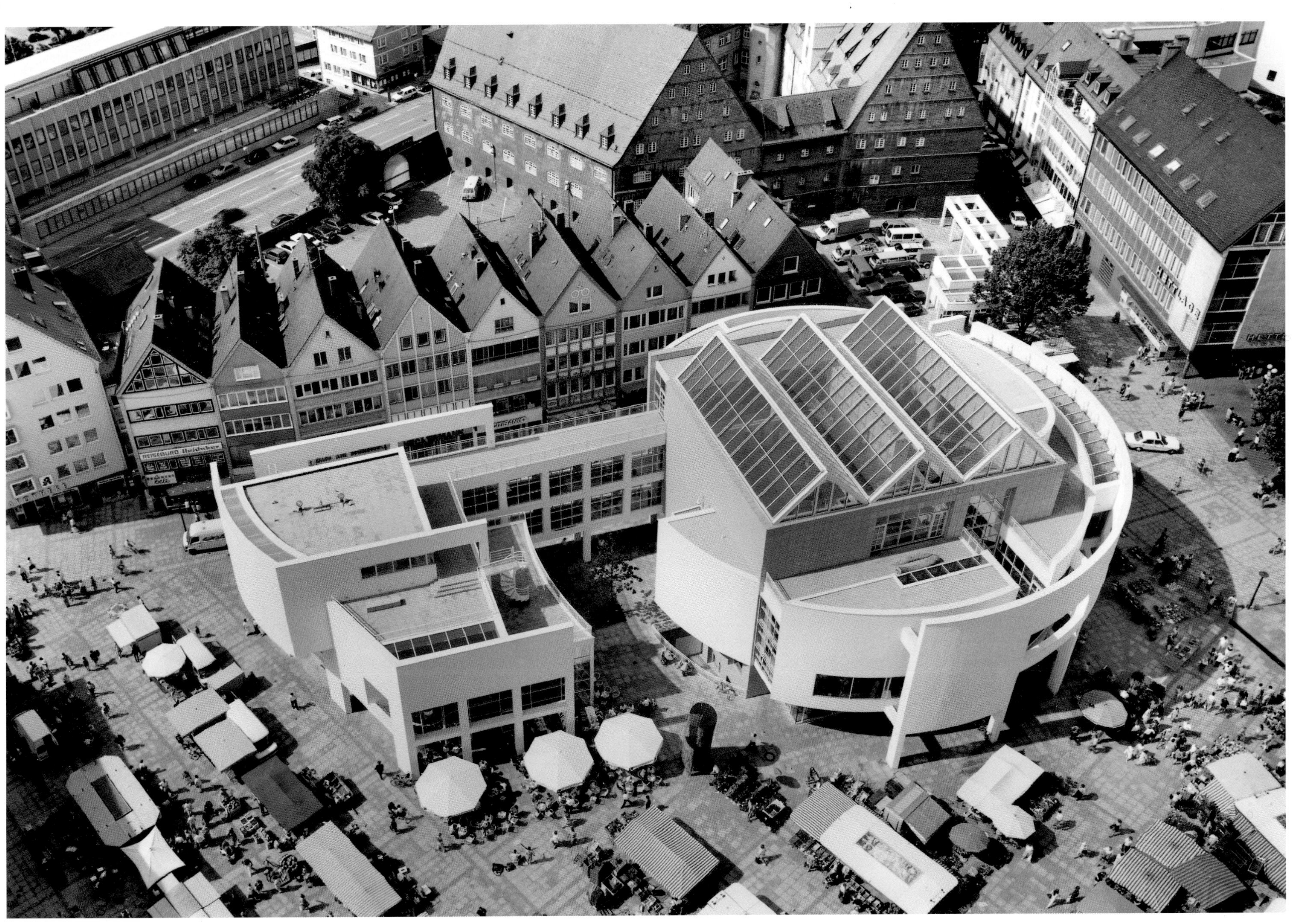

23. Gesamtansicht von Norden am frühen Morgen.
24. Münster und Stadthaus im Detail.

23. General view from the north in the early morning.
24. Münster and Stadthaus in detail.

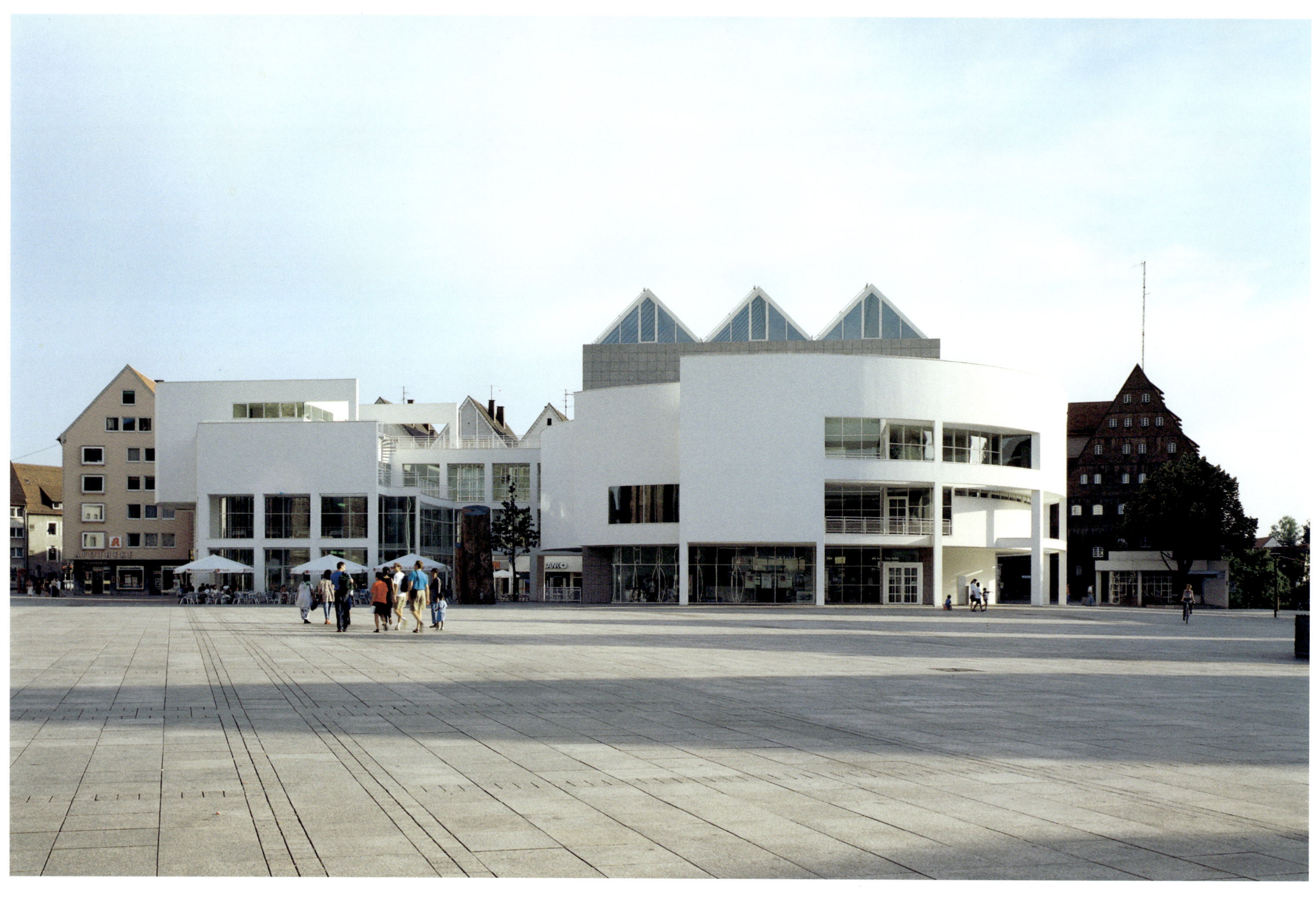

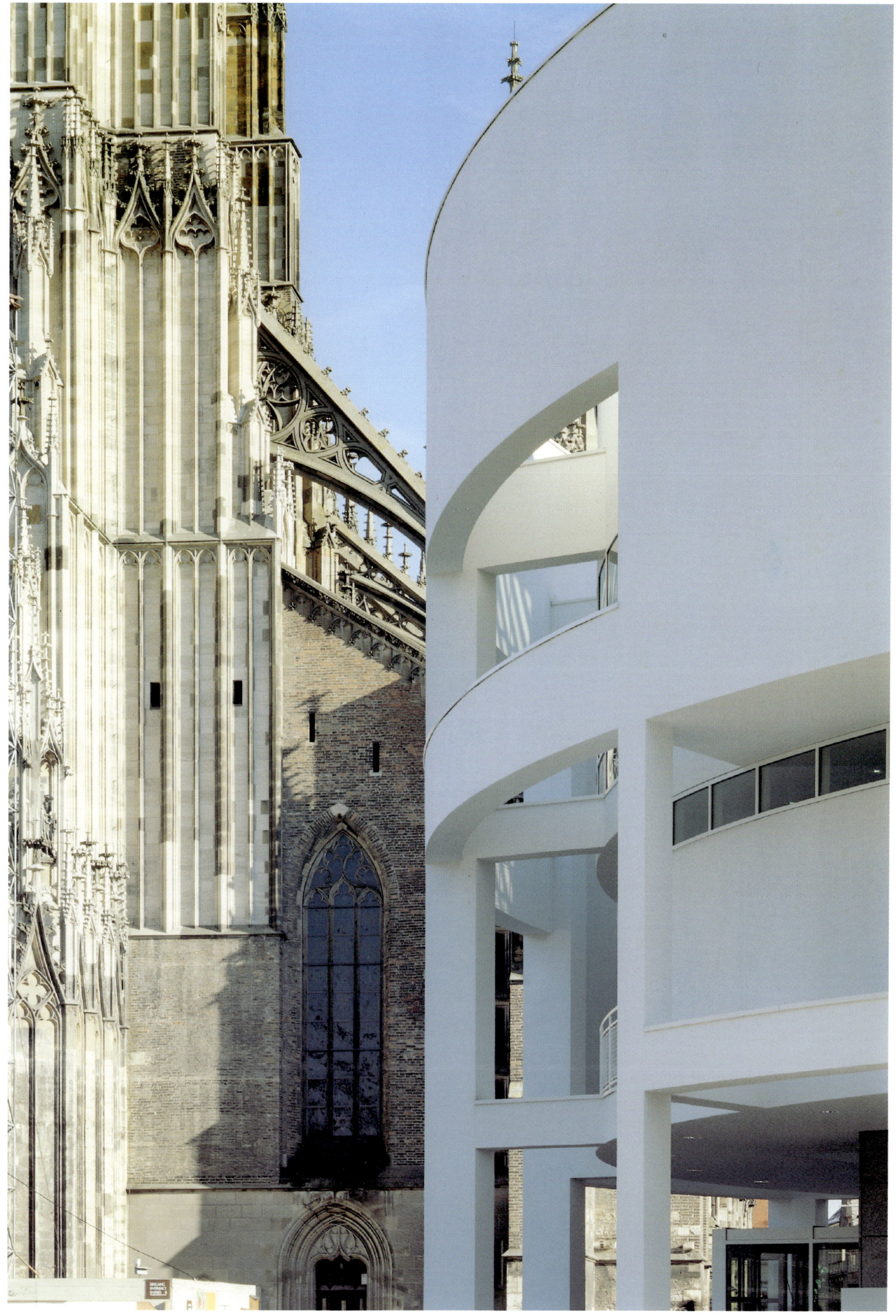

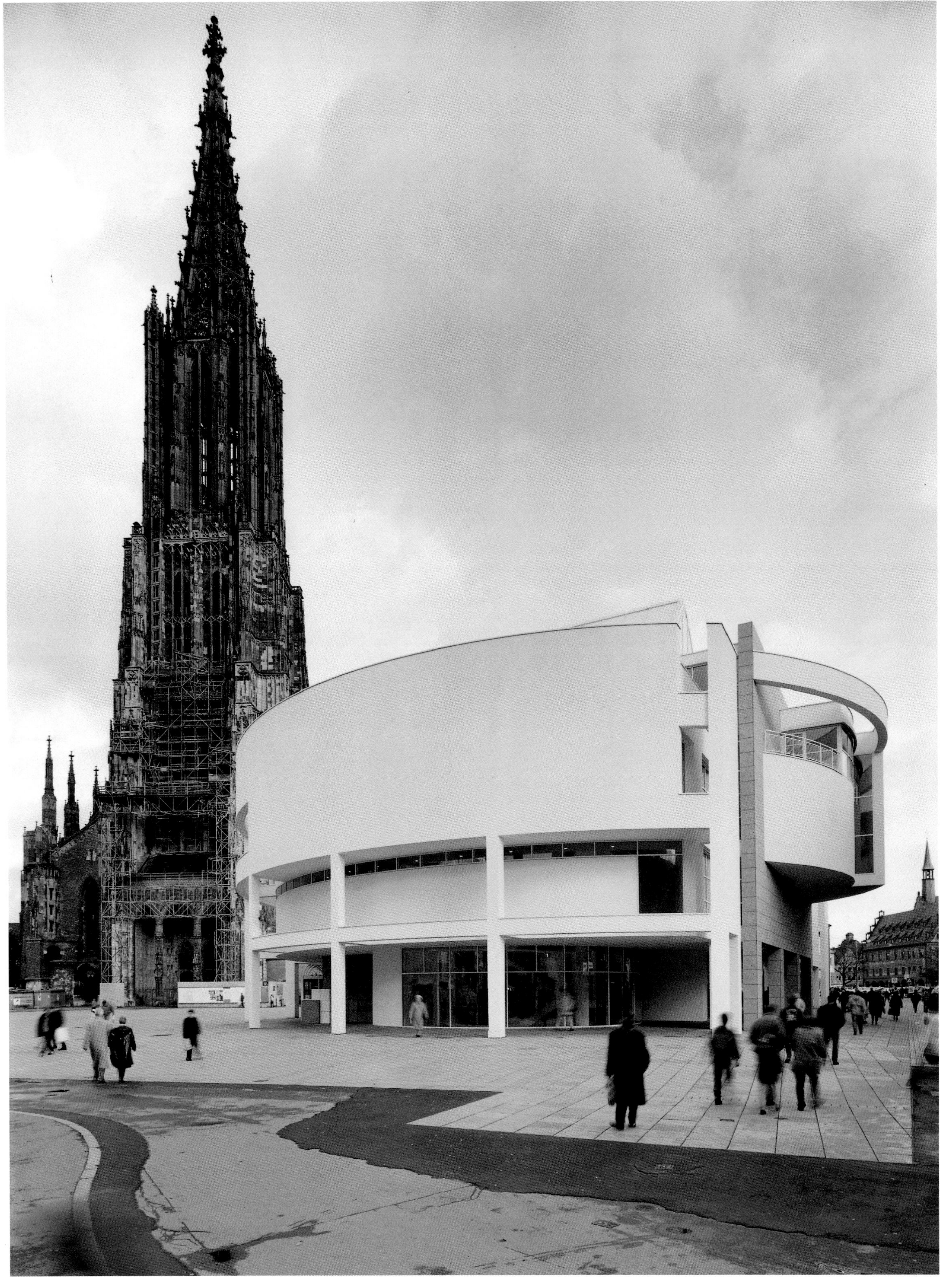

25. Gesamtansicht von Nordwesten aus der Hirschstraße.
26. Bereich um den Haupteingang mit Blick auf das Münster.

25. General view from the north-west from Hirschstraße.
26. Main-entrance area with view of the Münster.

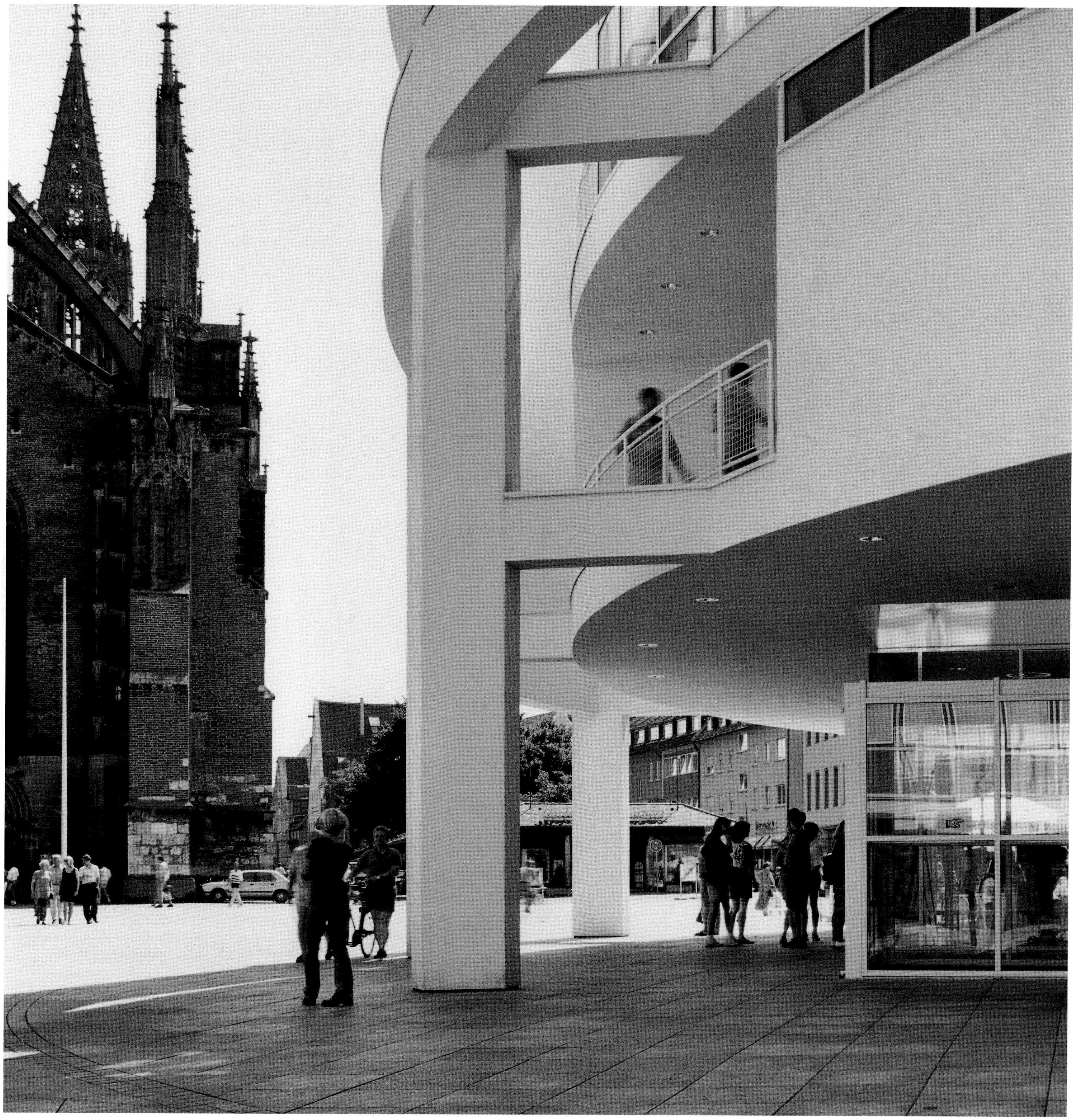

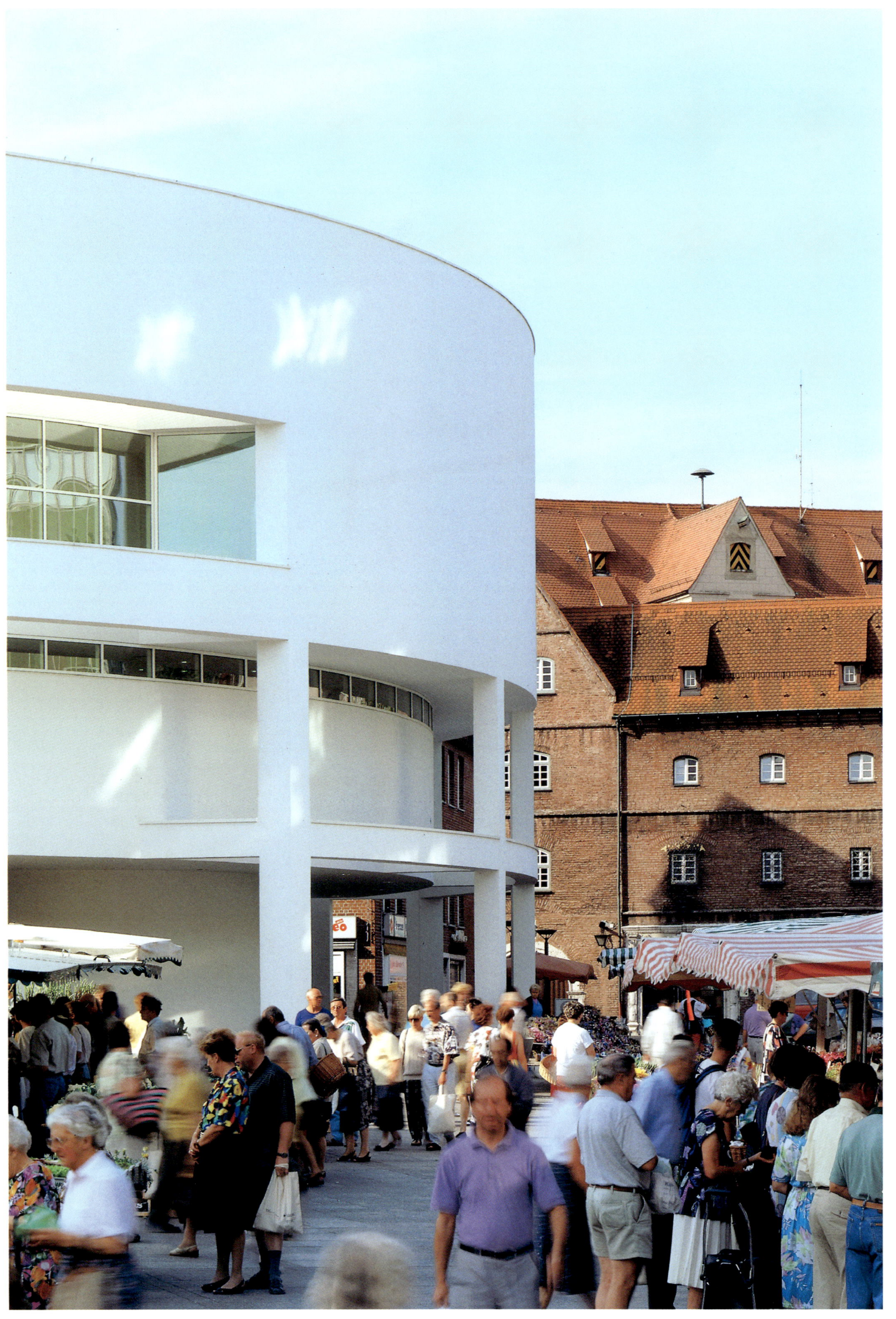

27. Nordwestende des Stadthauses. Im Hintergrund der Ende des 16. Jahrhunderts als Kornhaus errichtete Neue Bau.
28. Detail des Bereichs über dem Haupteingang.

27. North-west end of the Stadthaus. In the background is the Neuer Bau, built as a grain store in the 16th century.
28. Detail of the section above the main entrance.

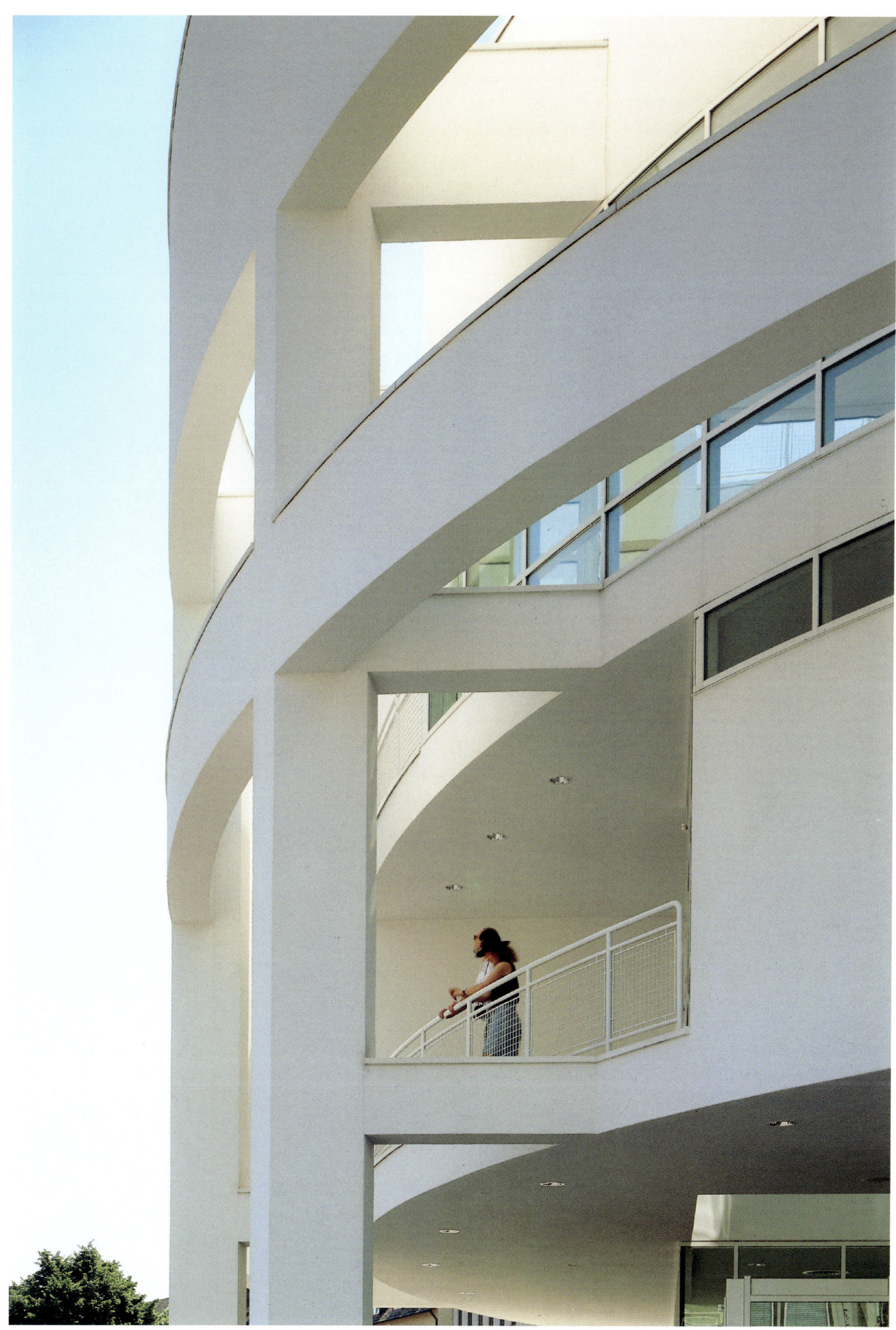

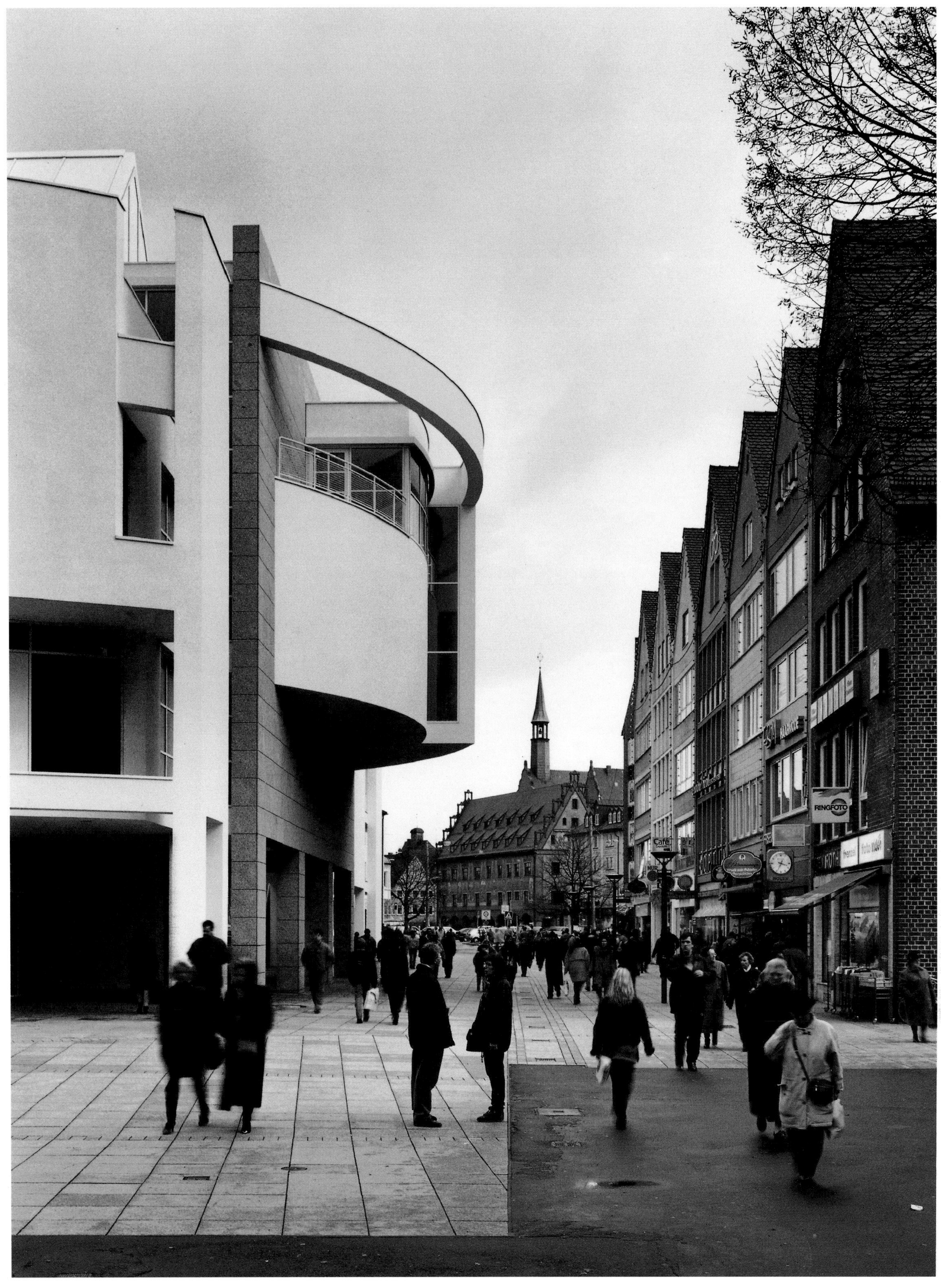
Café
RINGFOTO

29. Blick von Nordwesten in die Passage zwischen dem Stadthaus und der südlichen Bebauung des Münsterplatzes.
30. Südostecke des Stadthauses mit sonnabendlichem Marktbetrieb.

29. View into the passage between the Stadthaus and the buildings on the south side of Münsterplatz from the north-west.
30. South-east corner of the Stadthaus with Saturday market activity.

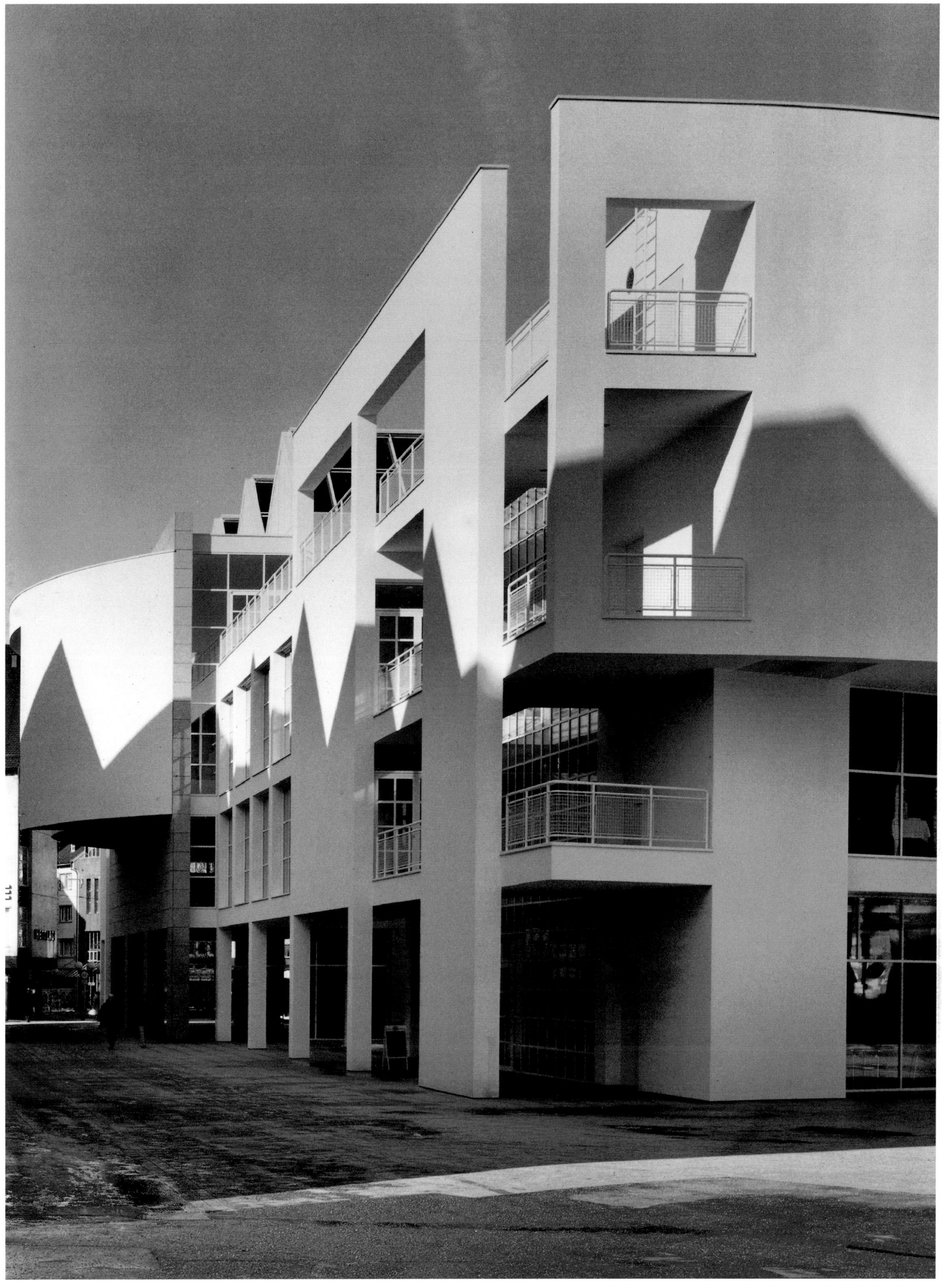

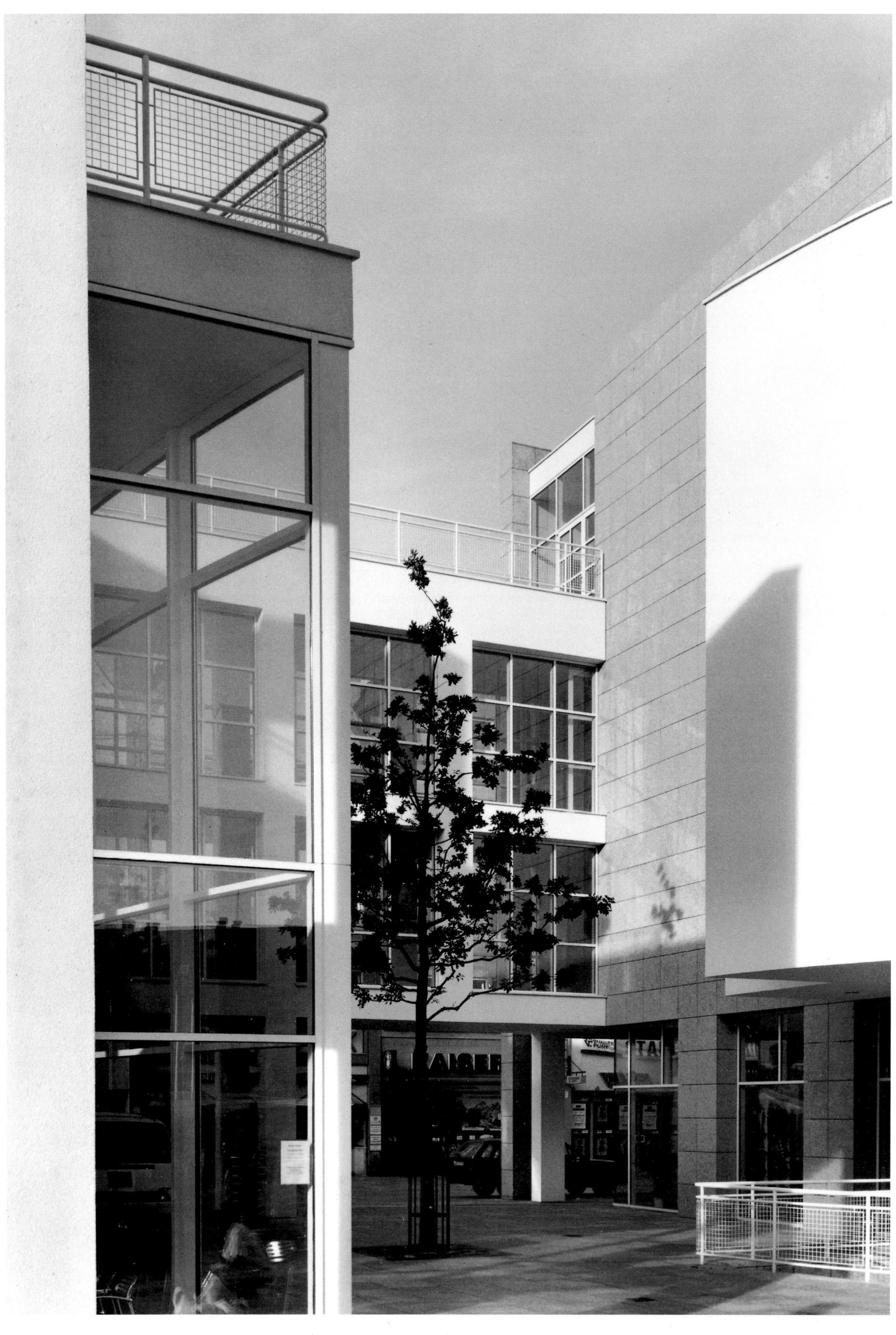

31. Blick von Nordosten auf den Durchgang zwischen dem östlichen und westlichen Bereich des Stadthauses.
32. Blick von Südosten auf den Durchgang zwischen dem östlichen und westlichen Bereich des Stadthauses.

31. View of the passage between the east and west sections of the Stadthaus from the north-east.
32. View of the passage between the east and west sections of the Stadthaus from the south-east.

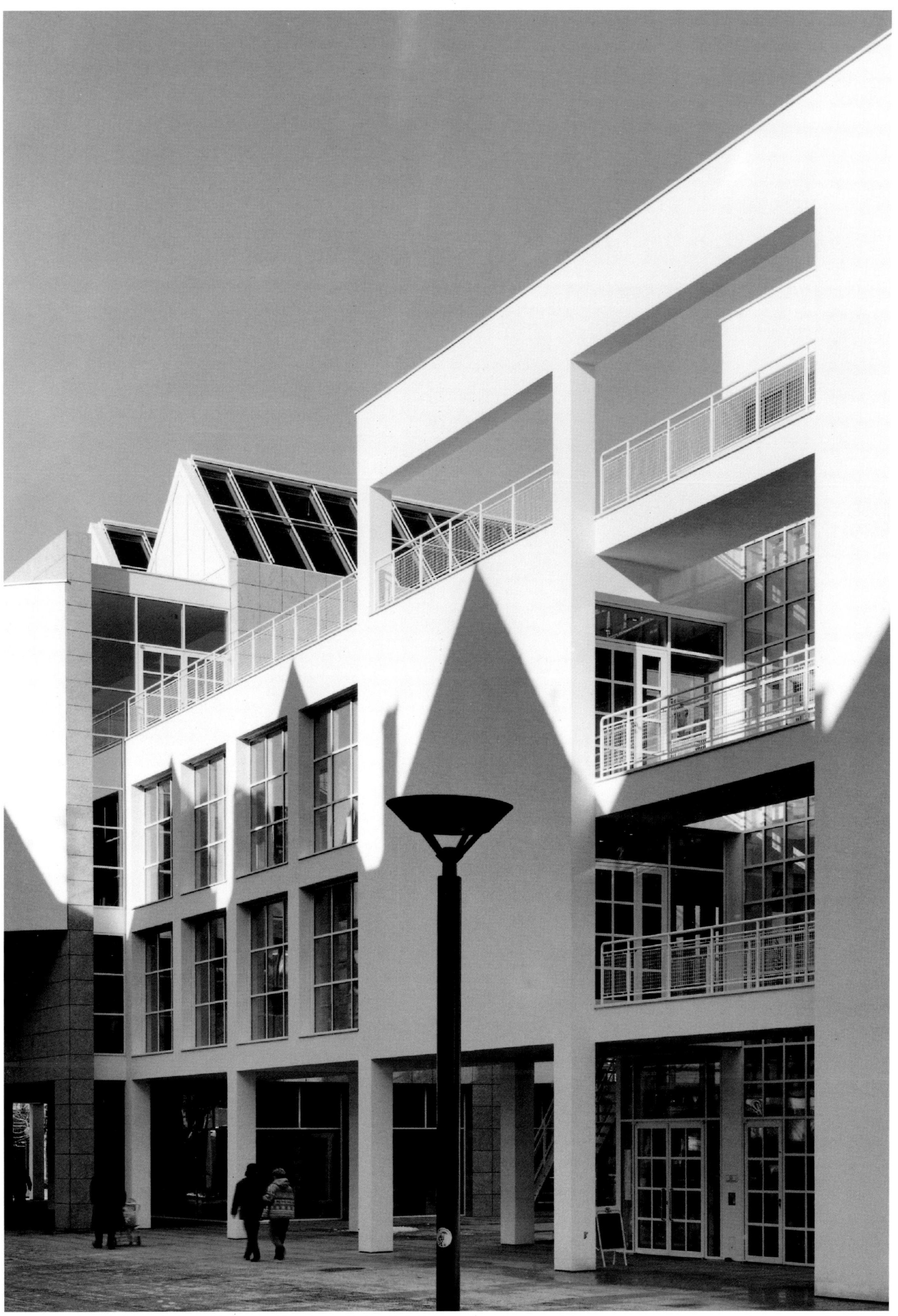

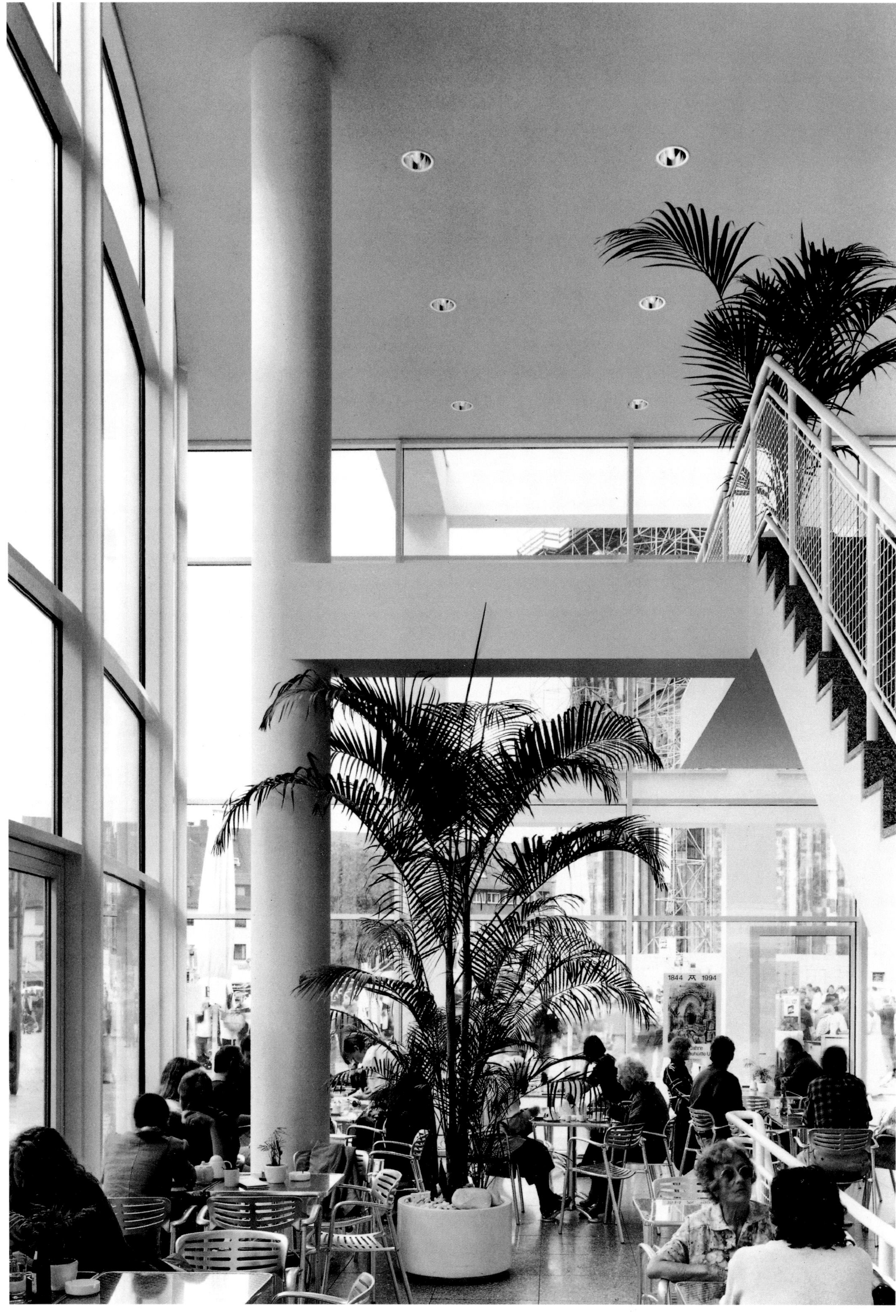

33, 34. Das Restaurant im östlichen Bereich des Stadthauses.

33, 34. The restaurant in the east section of the Stadthaus.

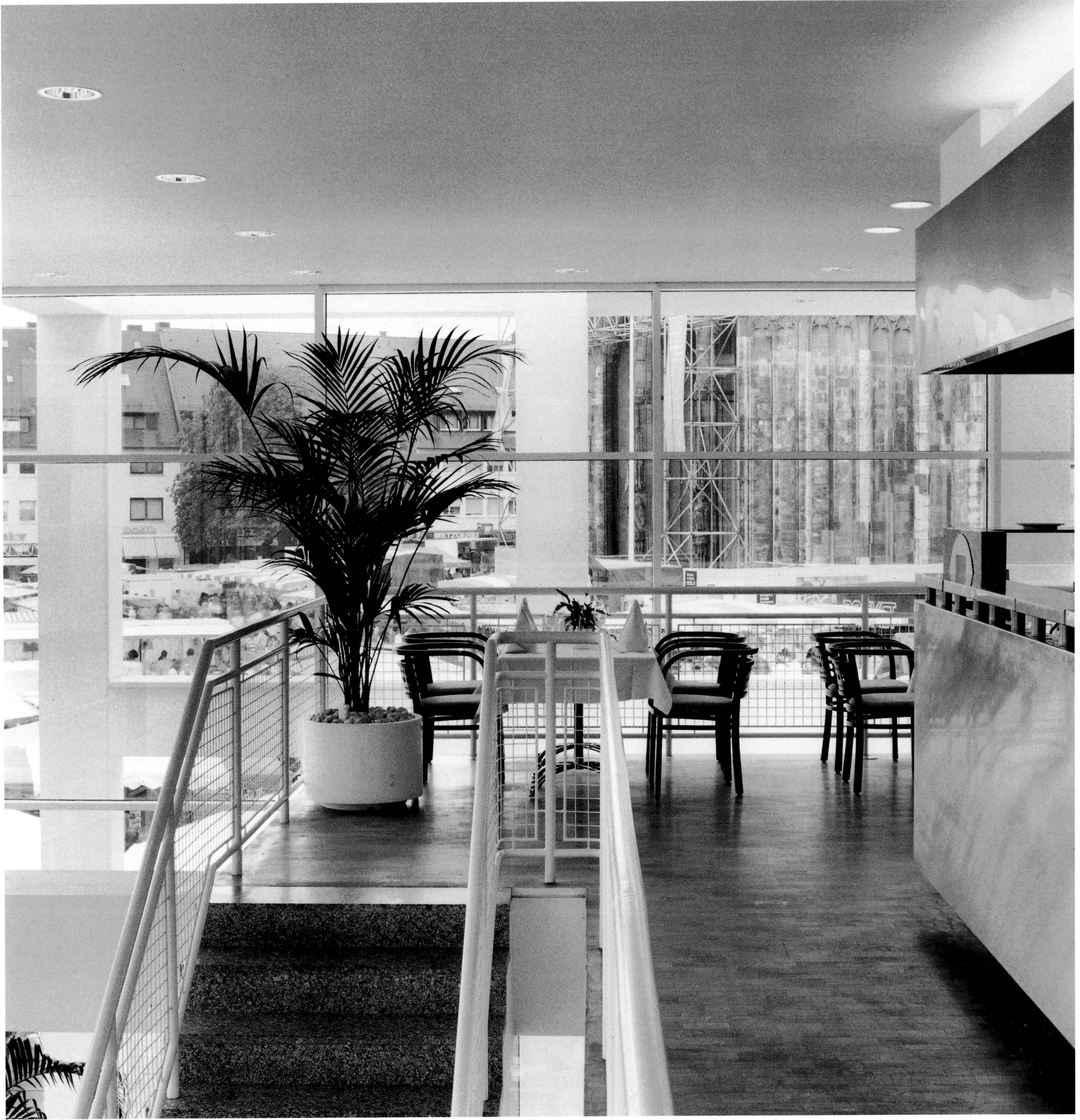

35. Blick über die Brücke zwischen dem östlichen und westlichen Bereich des Stadthauses auf die Verwaltung im 3. Obergeschoß.
36. Detail der Südseite des Stadthauses.

35. View of the offices on the 3rd floor over the bridge between the east and west sections of the Stadthaus.
36. Detail of the south side of the Stadthaus.

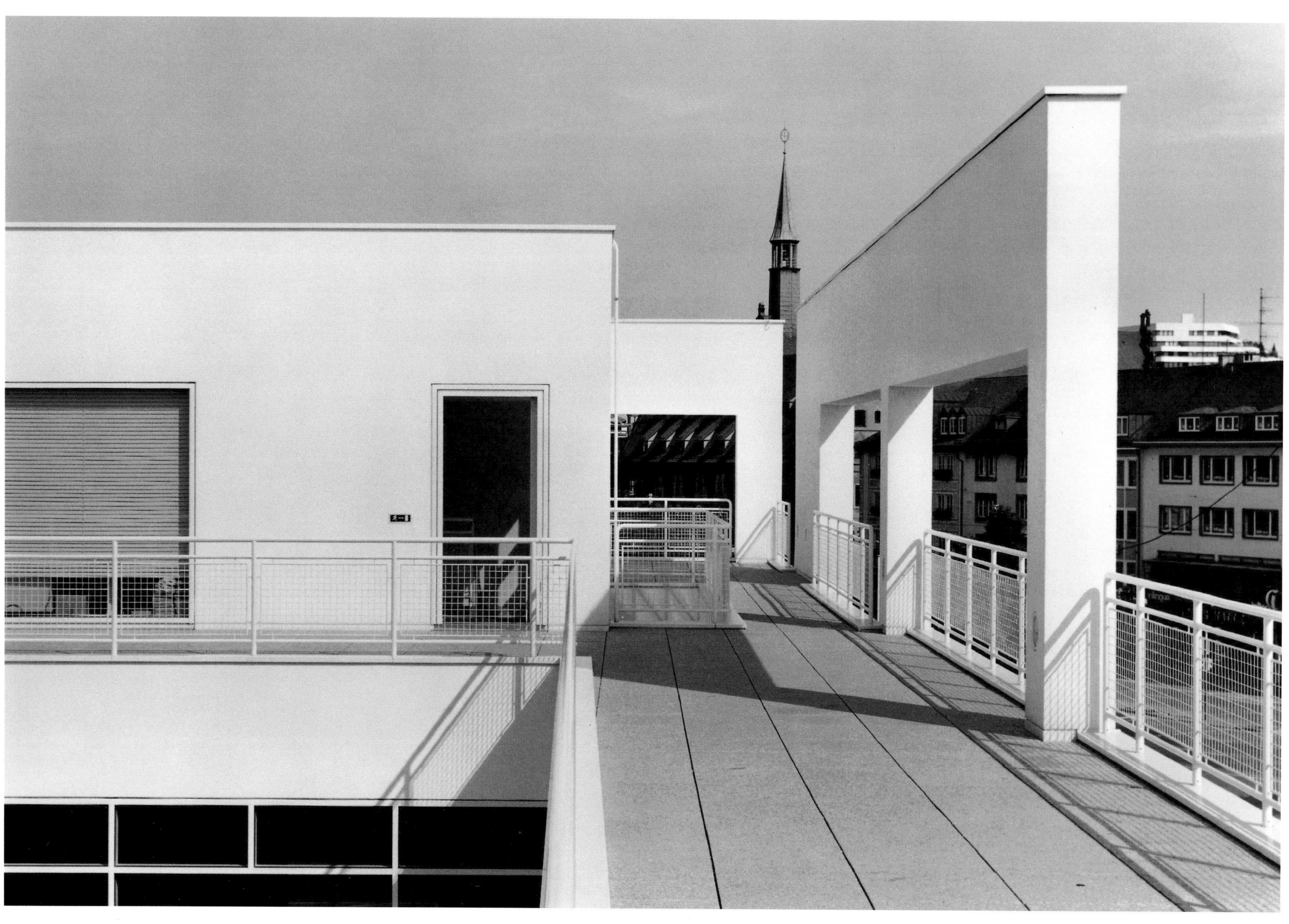

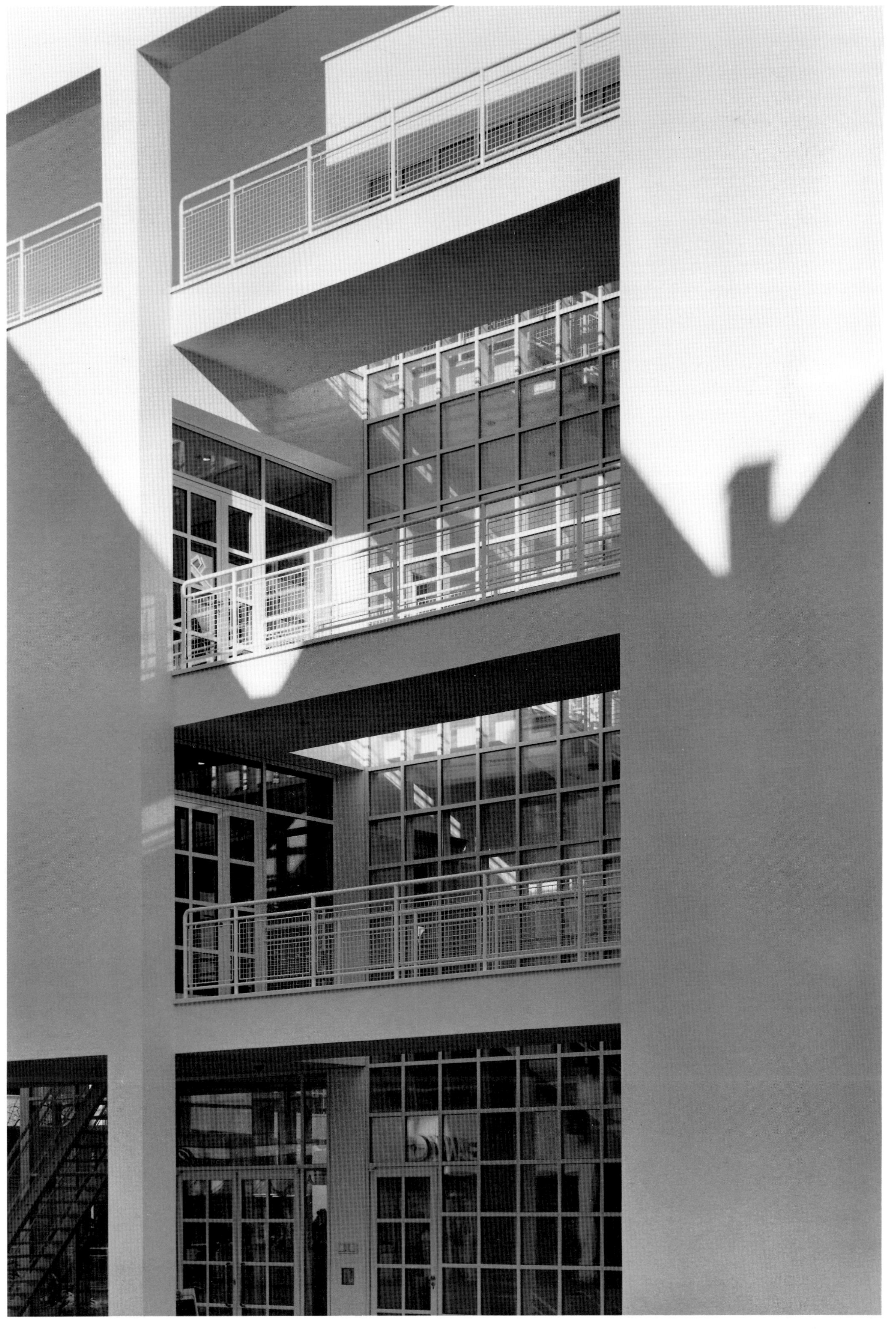

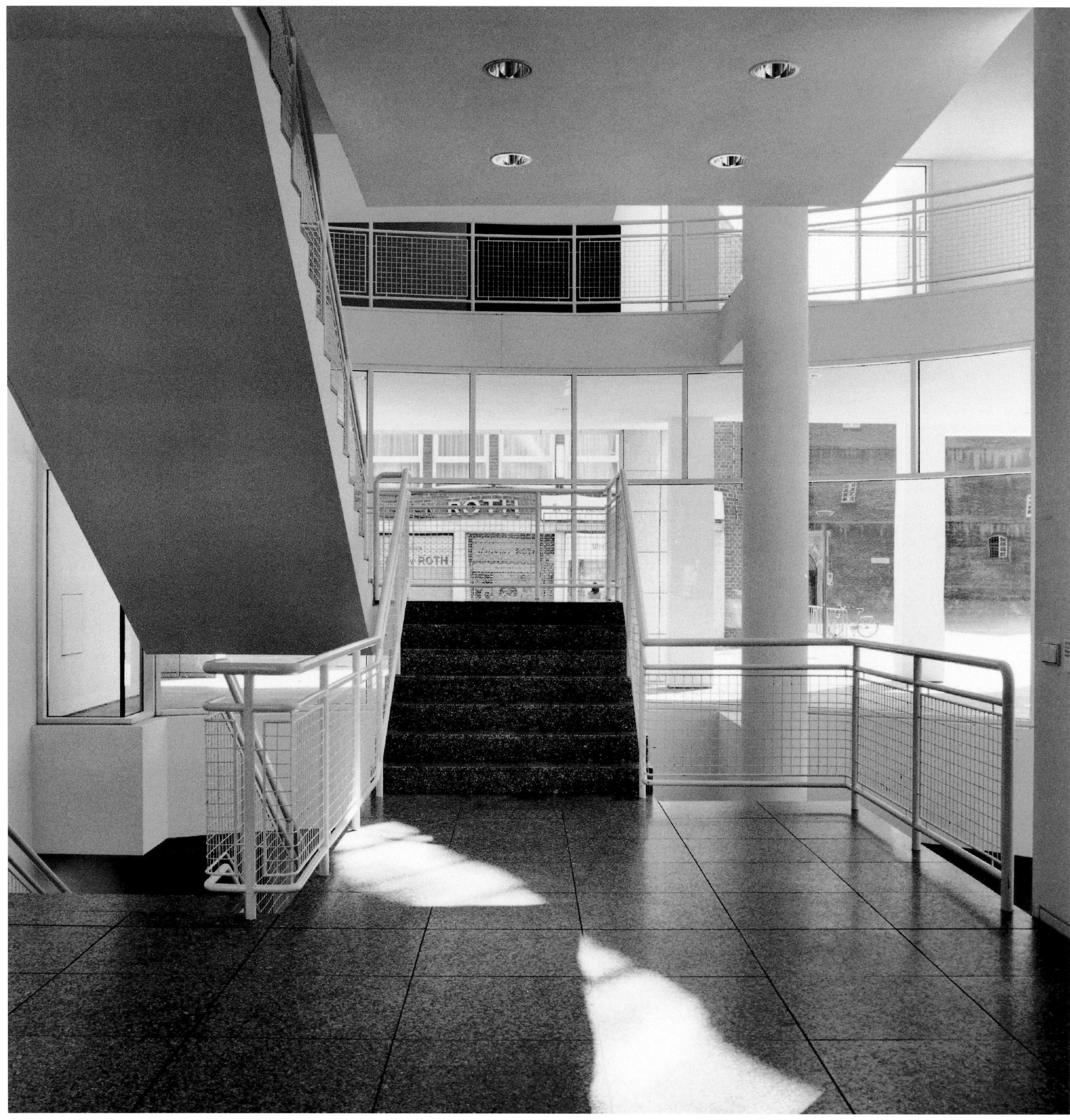
ROTH
ROTH

37. Eingangshalle in Richtung Südwesten.
38. Luftraum über der Eingangshalle mit umlaufenden Ausstellungsflächen.

37. Entrance hall looking south-west.
38. Space above the entrance hall with surrounding exhibition areas.

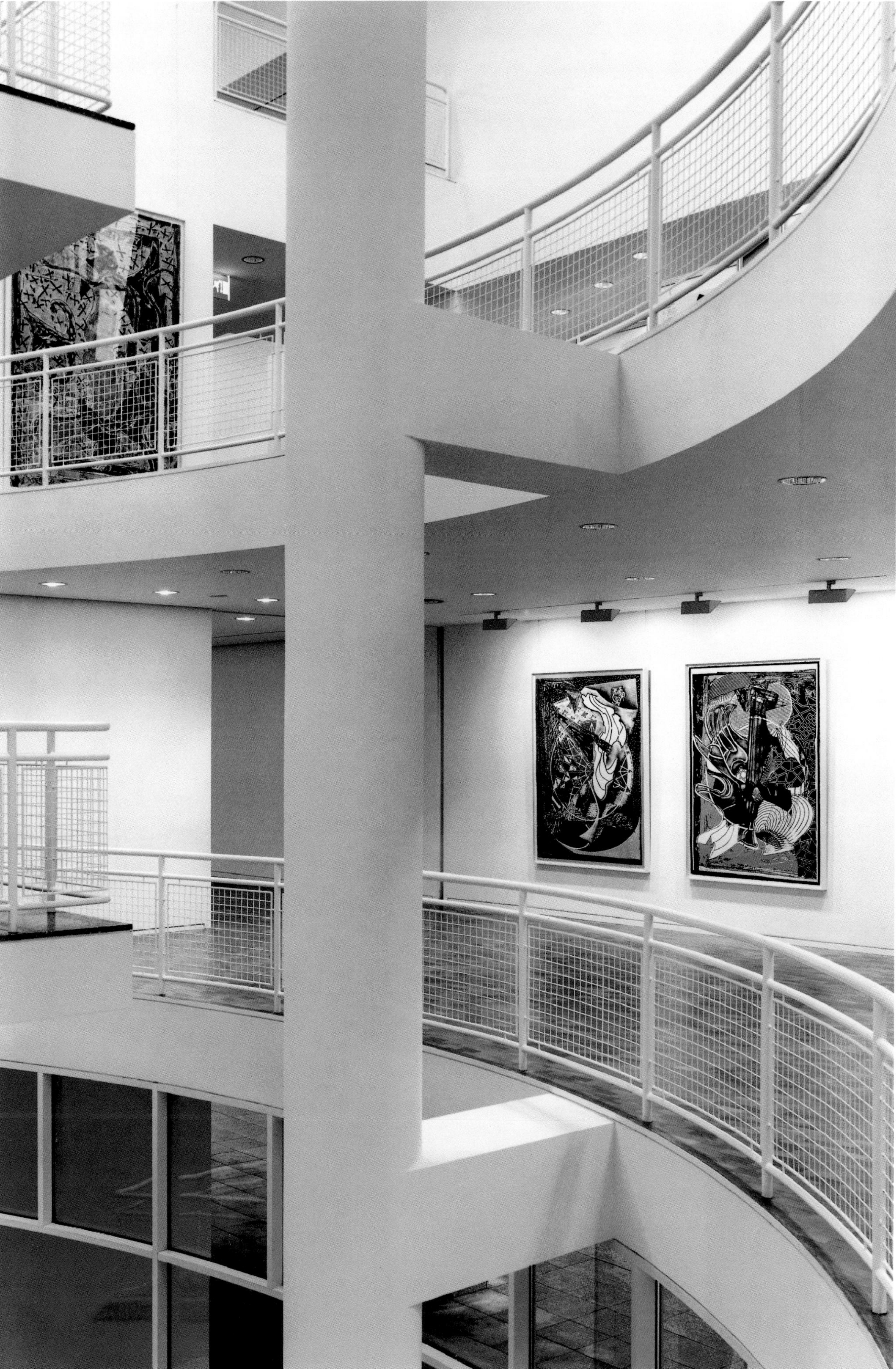

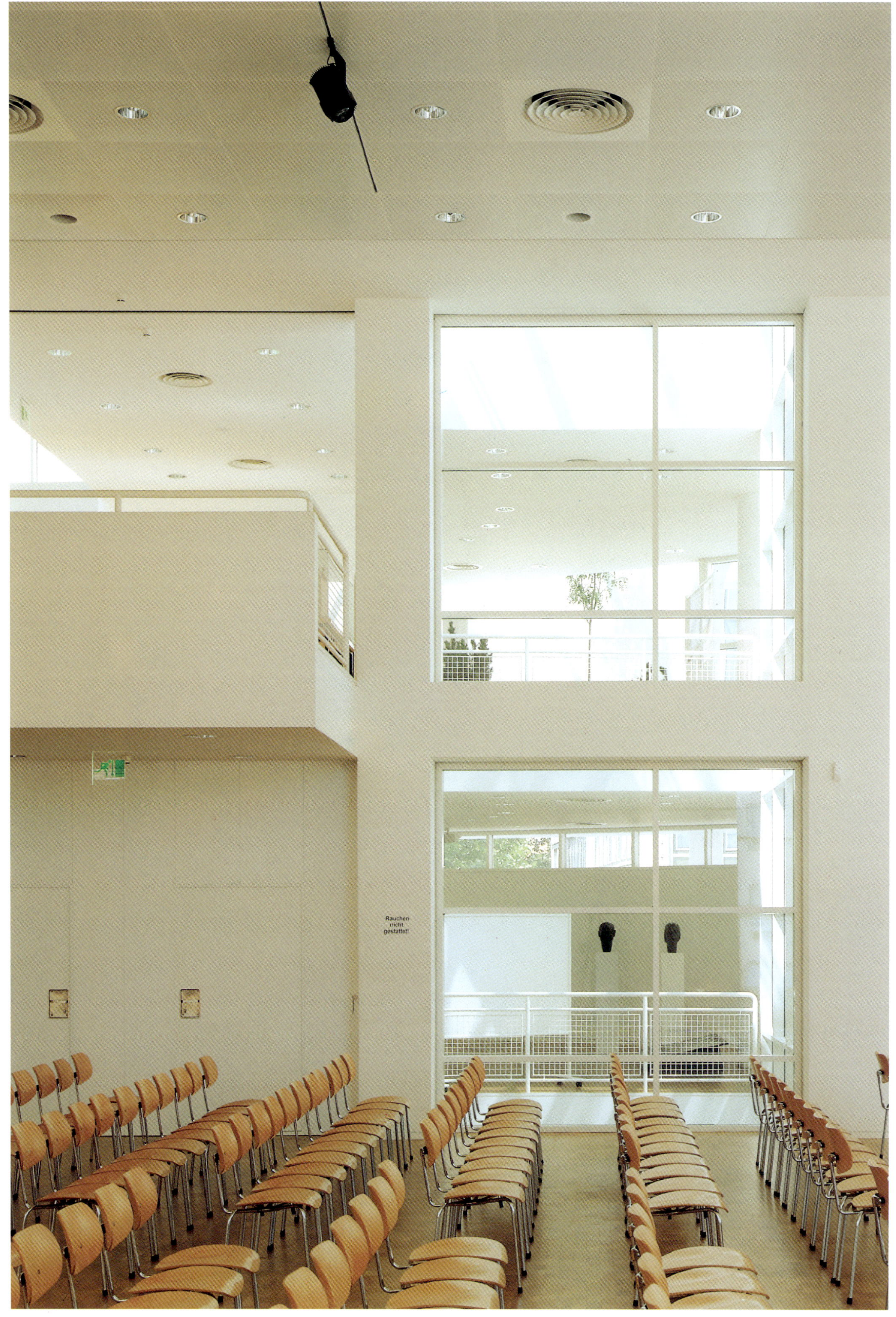
Rauchen
nicht
gestattet!

39. Blick vom Saal auf den Ausstellungsbereich über der Eingangshalle.
40. Blick vom Saal auf die Durchgangszone zwischen dem östlichen und westlichen Bereich des Stadthauses.

39. View of the exhibition area above the entrance hall from the auditorium.
40. View of the passageway between the east and west section of the Stadthaus from the auditorium.

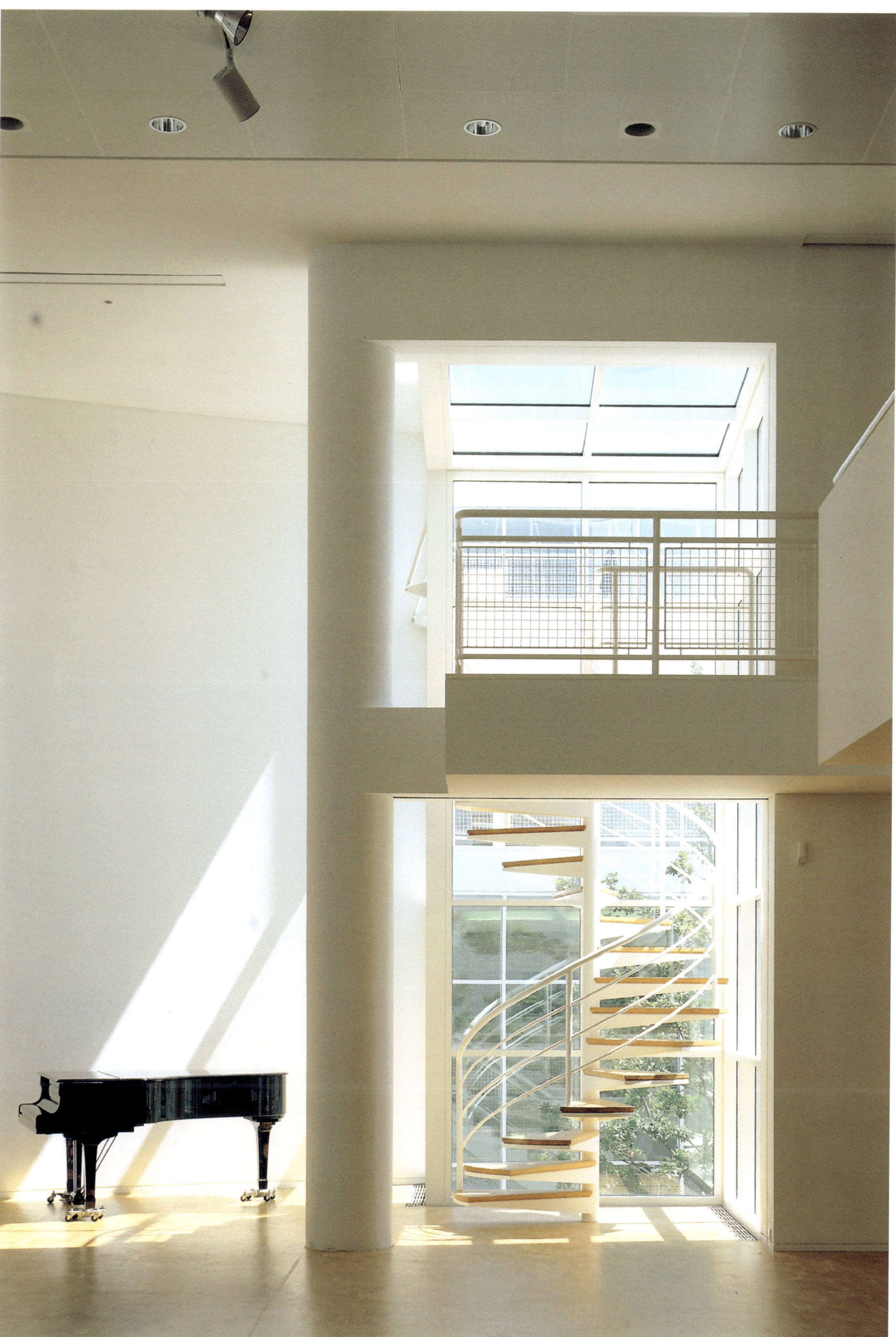

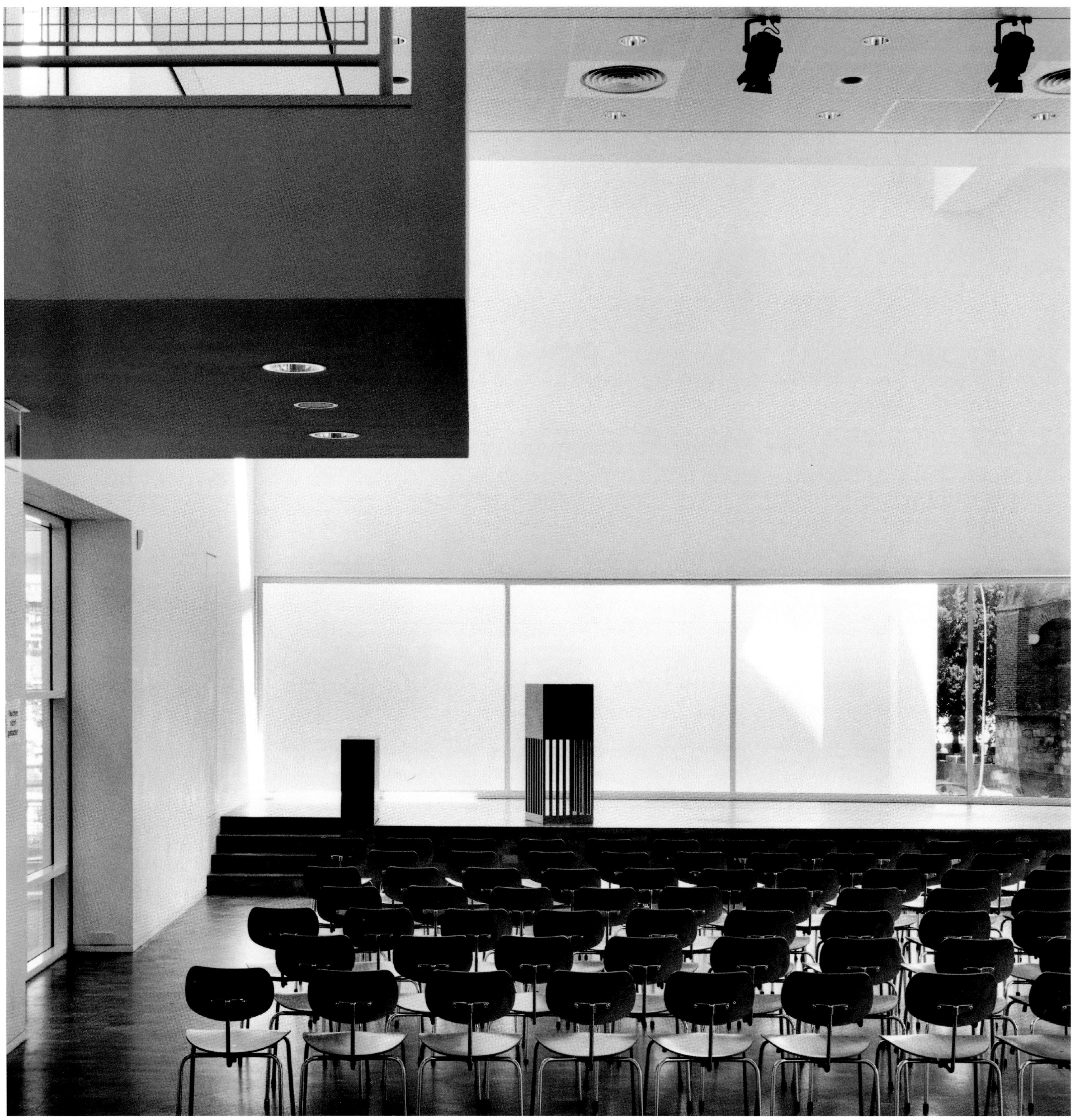

41. Saal in Richtung Nordosten.
42. Saal in Richtung Nordosten mit Blick auf das Münster.

41. Auditorium looking north-east.
42. Auditorium looking north-east with view of the Münster.

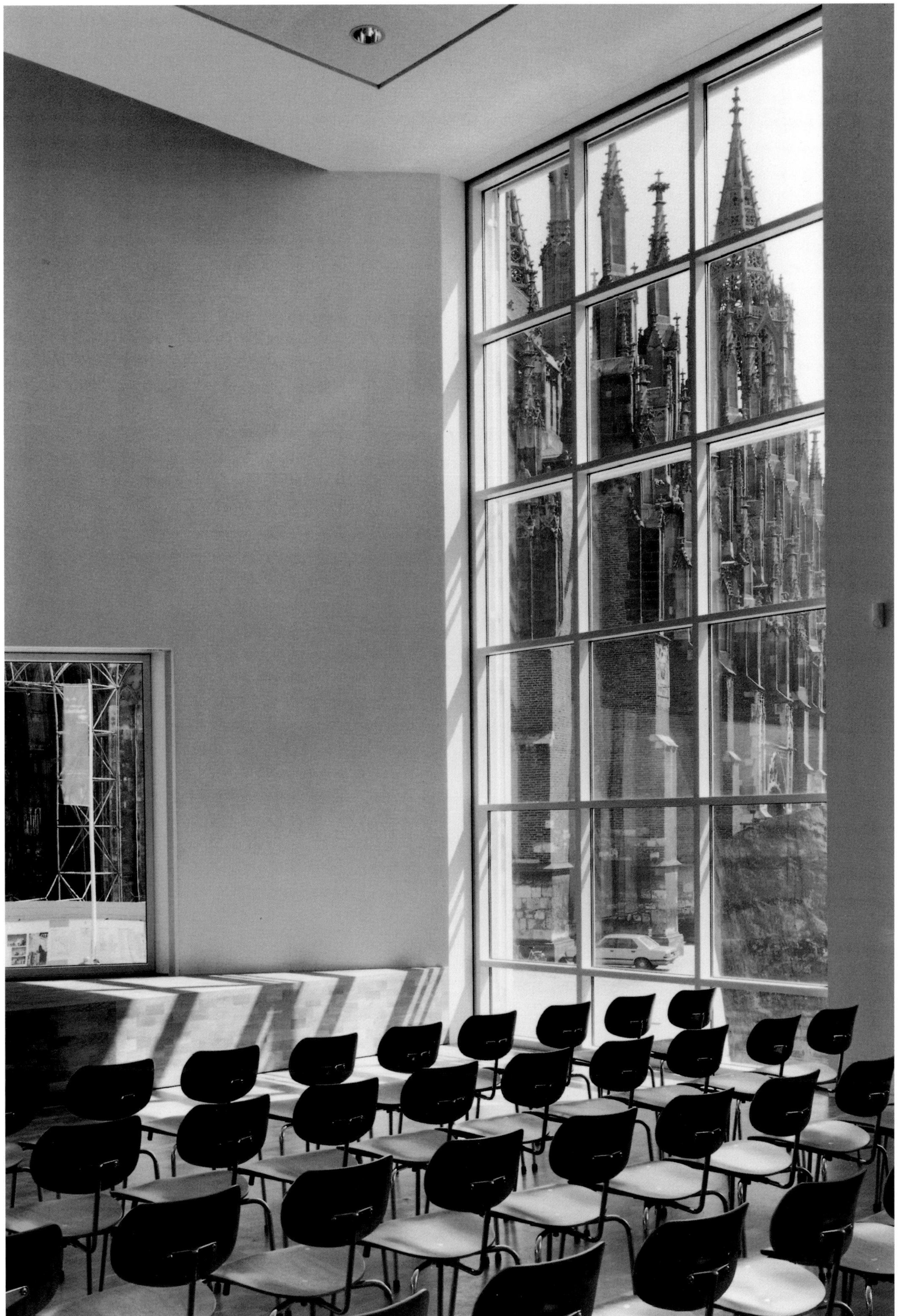

43. Detail der Dachzone des westlichen Bereichs des Stadthauses vom Münster aus gesehen.
44. Der große Ausstellungsraum im 3. Obergeschoß des westlichen Bereichs des Stadthauses.

43. Detail of the roof of the west section of the Stadthaus seen from the Münster.
44. The large exhibition room on the 3rd floor of the west section of the Stadthaus.

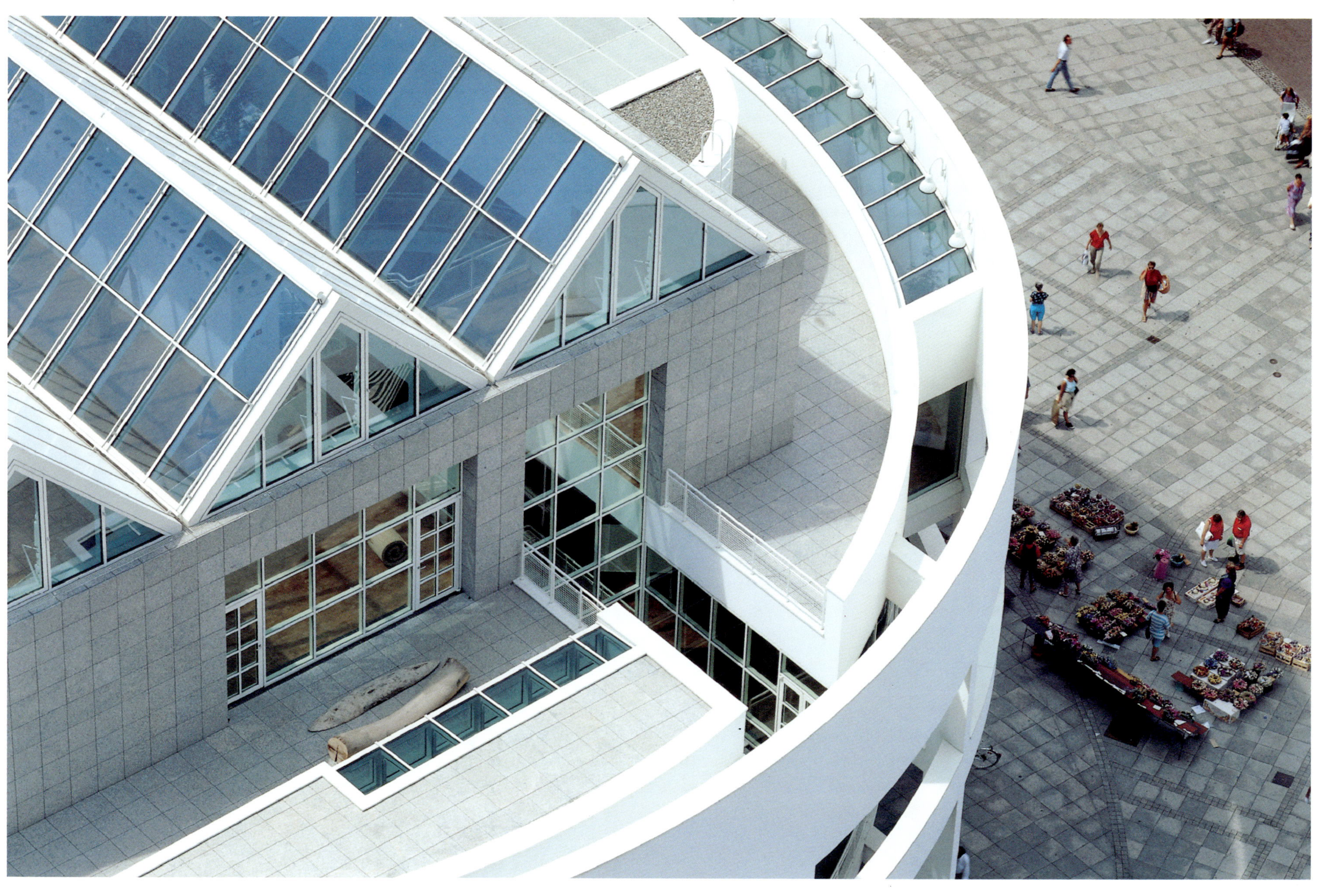

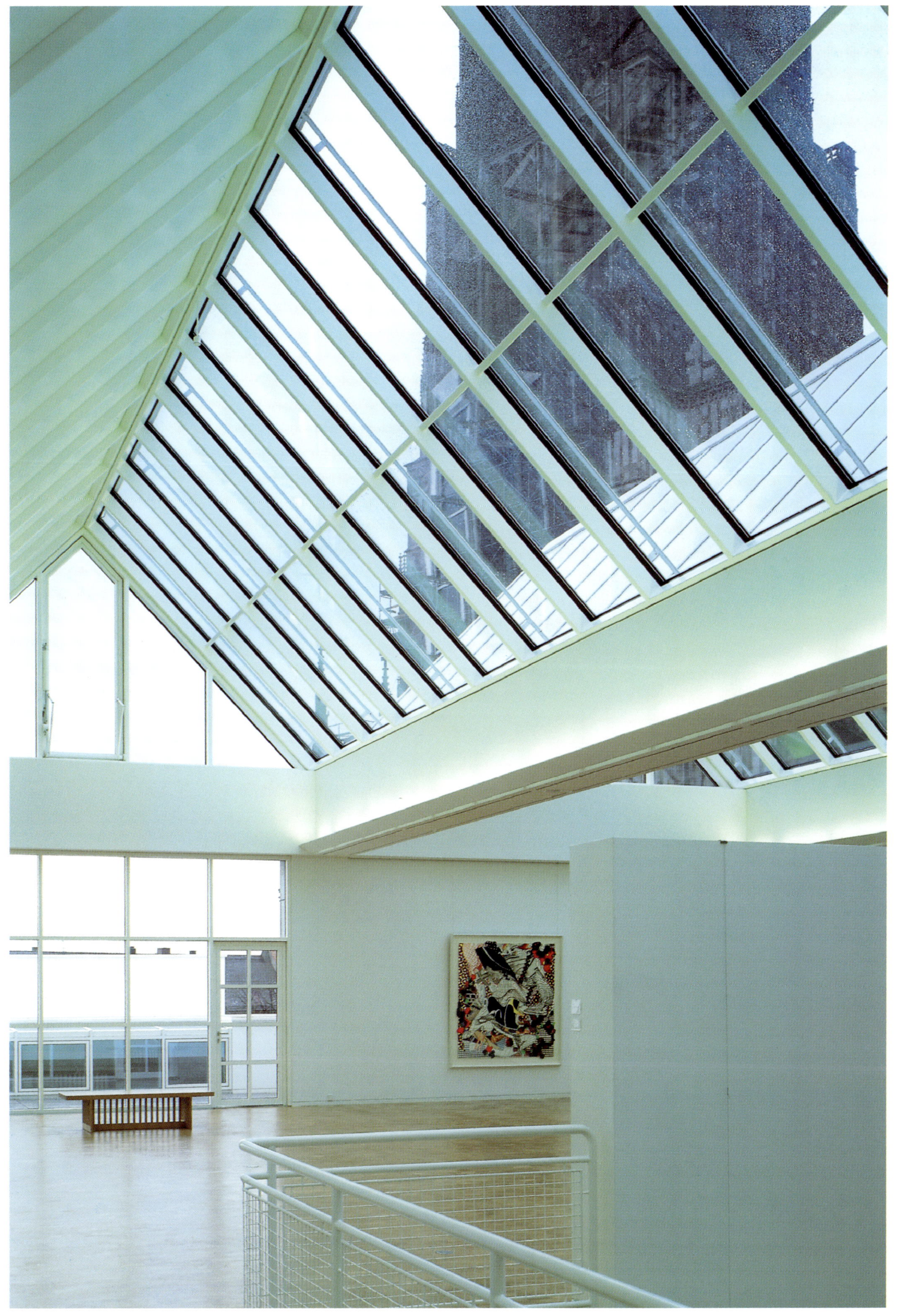

45, 46. Der große Ausstellungsraum im 3. Obergeschoß des westlichen Bereichs des Stadthauses
in unterschiedlicher Nutzung.

45, 46. Different ways of using the large exhibition room on the 3rd floor of the west section of the Stadthaus.

S. 62, 63
45, 46. Ausstellungsbereich im 2. Obergeschoß des östlichen Bereichs des Stadthauses mit Werken von Frank Stella.

p. 62, 63
45, 46. Exhibition area on the 2nd floor of the east section of the Stadthaus with works by Frank Stella.

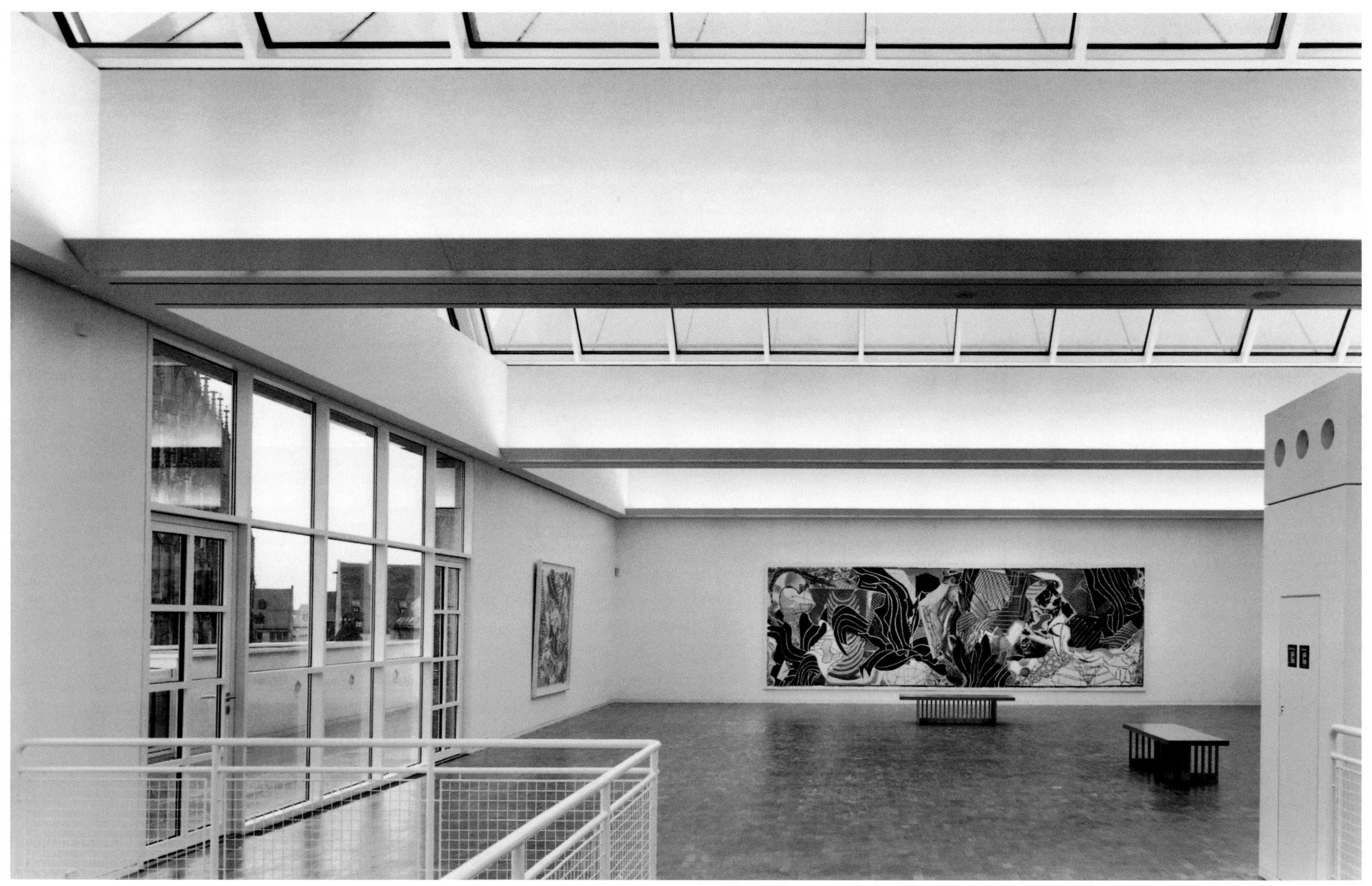

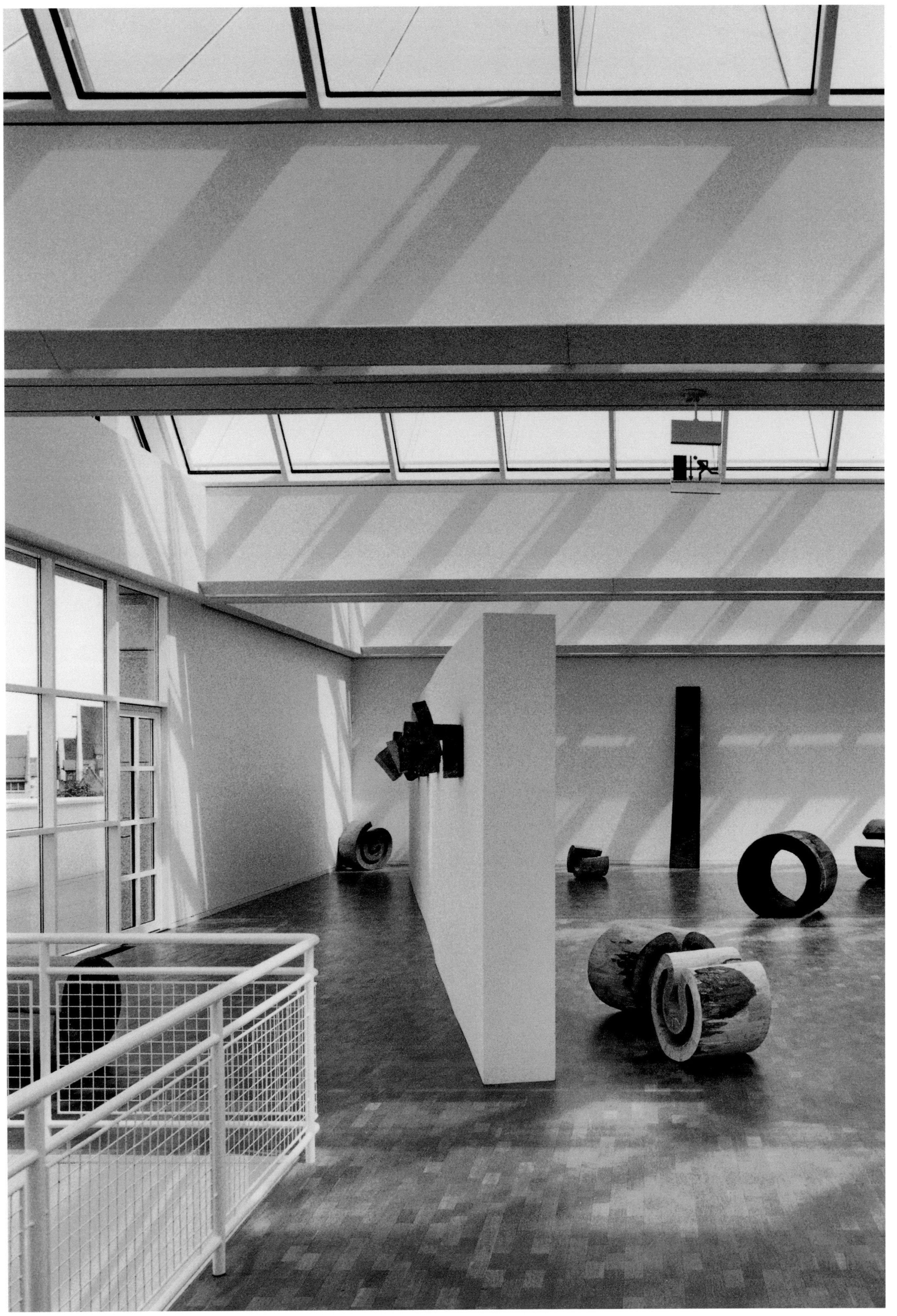

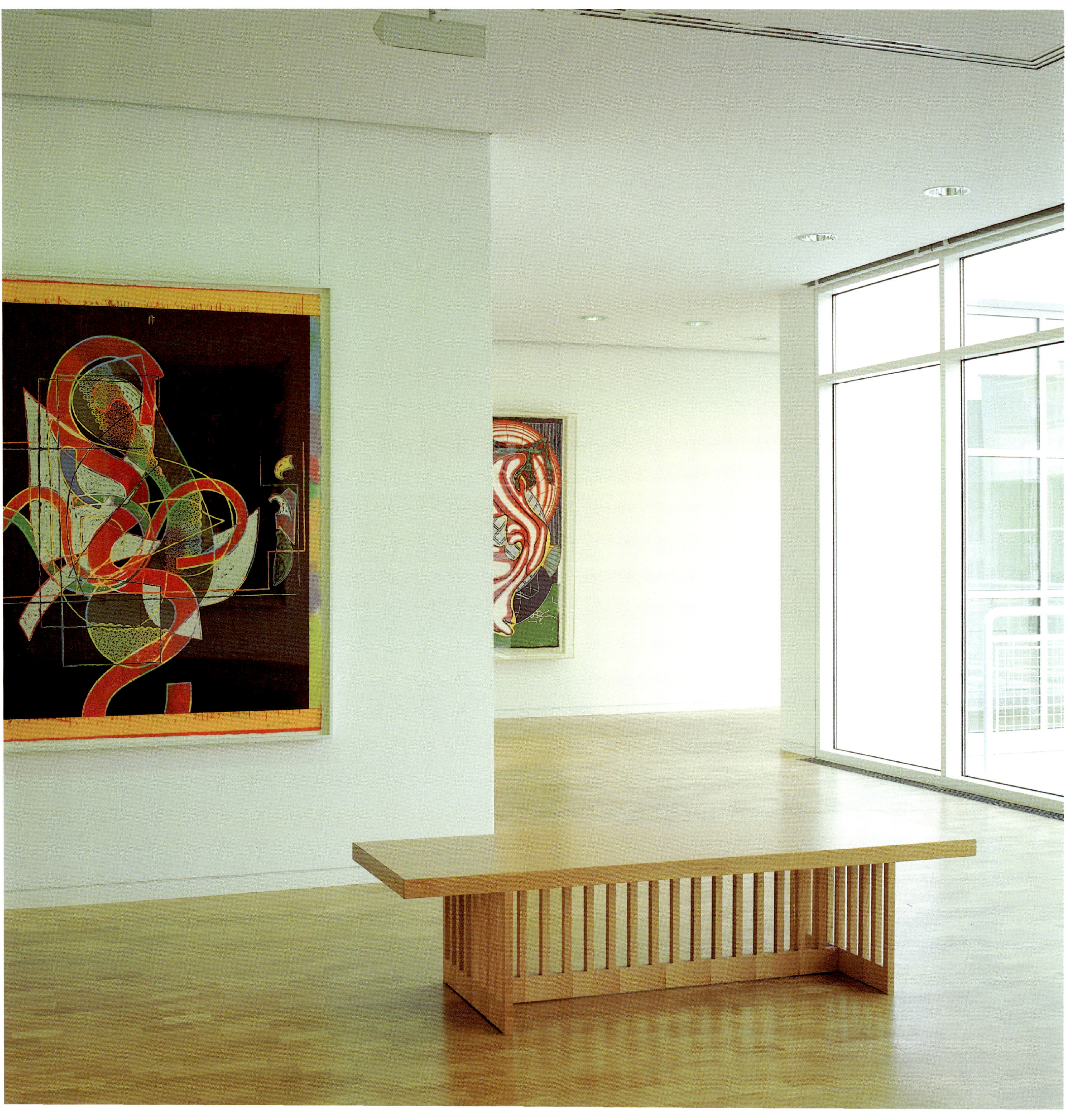

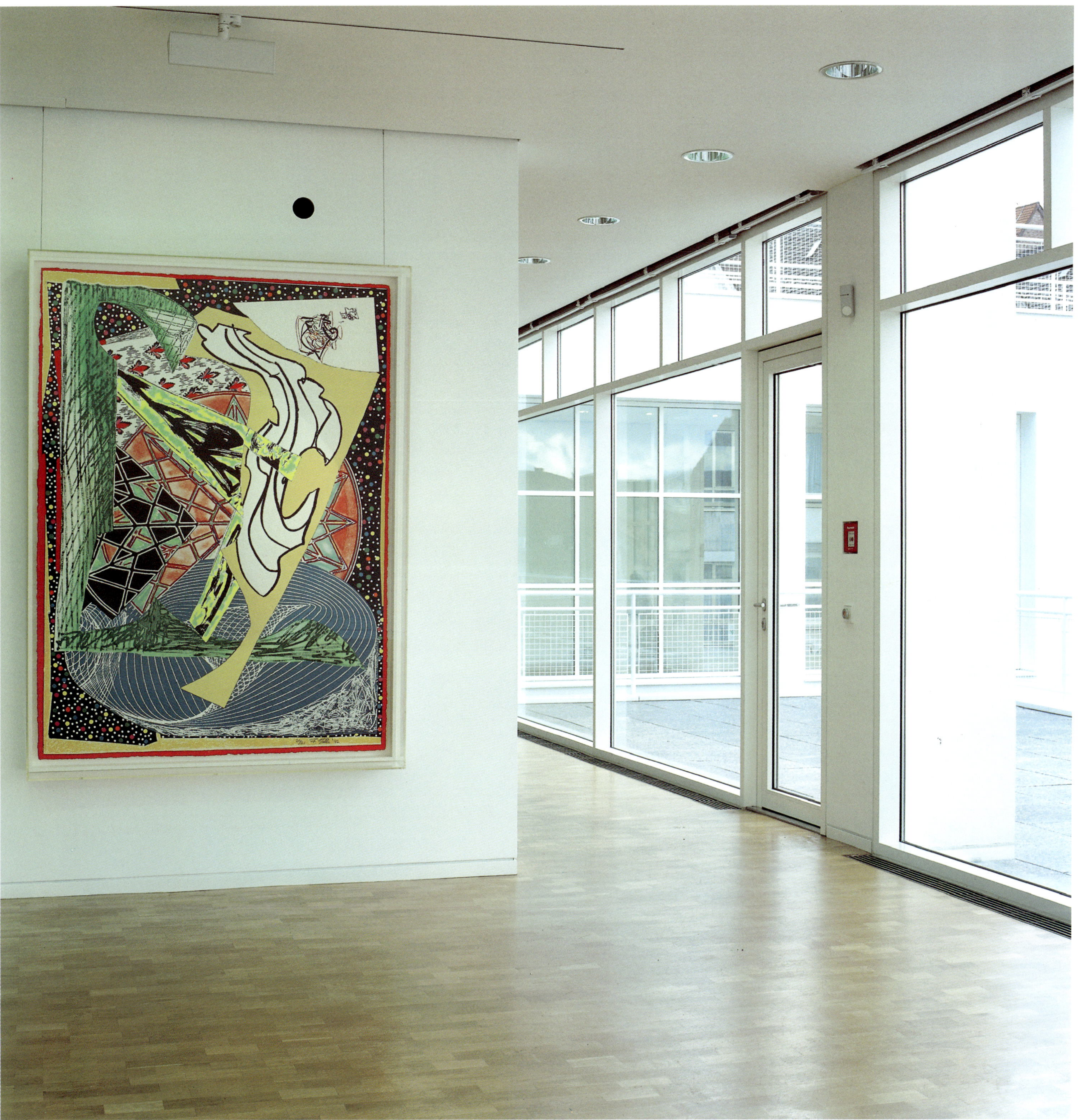

Architekten/Architects
Richard Meier & Partners, New York
Entwurf/Design: Richard Meier
Projektarchitekt/Project architect: Bernhard Lutz
Mitarbeiter/Collaborators: Mary Buttrick, Martin Falke, Beat Küttel, Siobhan McInerney, Gunter R. Standke, Wolfram Wöhr

Projektleitung/Project management
Hochbauamt der Stadt Ulm – Axel Kruppa, Peter Ebenhoch

Bauleitung/Supervision of building works
Becker + Partner, Ulm
Mitarbeiter/Collaborators: Paul Fuchslocher, Susanne Hirschkorn

Tragwerksplanung/Structural engineering
Ingenieurgemeinschaft Raizner + Bauer, Ulm

Geotechnische Beratung/Geotechnical consultants
Henke + Partner GmbH, Stuttgart

Haustechnik/Installations
Ingenieurgemeinschaft Korner, Ott + Spiess, Ulm

Bauphysik/Building physics
Müller-BBM GmbH, Planegg

Lichtplanung/Lighting design
Ingenieurbüro Zitnik, Frankfurt